Constanze Heynold

Engel

»**Liebe ist der Weg**«

Engel sprechen zu uns, sie haben
Botschaften aus der unsichtbaren für die sichtbare Welt,
um den Menschen zu helfen und sie zu beschützen

WINDPFERD

Inhaltsverzeichnis

Widmung 4
Vorwort 5

Kapitel 1 • Vom Wesen der Engel 6

Ein Menschenschicksal ist mit der Wiedergeburt
    verbunden 6
Der Engel in unserem Höheren Selbst 10
Die Musik der Engel 13
Rhythmen, Zahlen und Gesetzmäßigkeiten von Mensch
    und Kosmos 16
Engel in verschiedenen Kulturen 18
Der Unterschied zwischen dem Wesen von Mensch und Engel 19
Die Flügel der Engel 21
Der Engel in uns 24
Die neun Chöre der Engel – Hierarchienlehre 30
Die erste Hierarchei oder Triade der obersten drei Engelchöre 34
Die zweite Hierarchie oder Triade der mittleren Engelchöre 38
Die dritte Hierarchie oder Triade der unteren drei Engelchöre 41
Der Mensch als zehnter Chor in der Hierarchienlehre 47
Die Sonderaufgaben der Erzengel 48

Kapitel 2 • Glauben, Liebe, Engelkräfte 53

Glauben 53
Wir müssen lernen, die Göttlichkeit in uns zu fühlen 56
Gebete und das Vaterunser 59
Schutzgebete 63
Dämonen, die Gegenspieler der Engel 72
Die Liebe von Engeln und Menschen 77
Wir nähern uns unserem Engel durch die Schulung
    unserer Tugenden 79

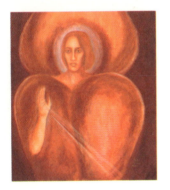
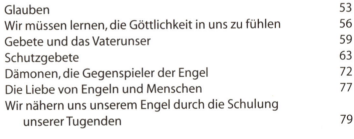

Kapitel 3 • Wege zur Engelbetrachtung 83

Übungen zur Stärkung von Gedanken, Gefühl und Willen 83
Es gibt verschiedene Möglichkeiten, mit seinem Engel
    Verbindung aufzunehmen 92
Die Feuerspirale zum Erneuern der Kräfte 93
Die Sonnenblumenmeditation 94
Die Rosenmeditation 96
Die Sonnenlichtmeditation 97

Kapitel 4 • Dem Engel begegnen   **99**

Engelbotschaften sind immer Seelenbilder, die der Engel
   in unser Gemüt gemalt hat   99
Die Astrologie   100
Der Traum   102
Die Aura von Engel und Mensch sehen   106
Die mediale Technik des Pendelns   109
Das Pendeln mit einer Buchstabenscheibe   112
Die innere Vorbereitung für Engelkontakte   114
Ungestörte Ruhe während des Engelkontaktes   116
Inhaltsüberprüfung der Engelbotschaften   119
Liebe sollten wir immer weiterfließen lassen   123
Engelbotschaften helfen uns, bewußt und aktiv zu leben   123

Kapitel 5 • Engelbotschaften   **125**

Bilder, Botschaften und Empfindungen
   meiner Engelverbindung   125
Eine künstlerische Ermunterung   128
Der Engel gibt eine Botschaft vom Johanniskraut   128
Der Engel stellt eine Krankheitsdiagnose   129
Das Erlebnis mit dem Herzschlag   130
Schlußwort   133

Anhang   **134**

Adressen und Bezugsquellen   134
Impressum   134
Über die Autorin   135
Quellennachweise   136

Widmung

Dieses Buch widme ich meinem geliebten Sohn Jack.
Als er von meinen Absichten hörte, in diesem Engelbuch
Fotos meiner Engelbilder und -skulpturen abzubilden,
rief er begeistert:
„Mam, ich komme sofort nach Deutschland geflogen und
fotografiere Deine Arbeiten! Das ist doch eine wunderschöne
Kombination, wenn ich als Dein Sohn die Fotos für Dein
Engelbuch mache!"
Jack studiert in Los Angeles – der Stadt der Engel –
Filmwissenschaft. Zwei Tage später war er in Frankfurt
und fotografierte meine Engel bei Tag und Nacht,
im Regen und bei Sonnenschein.

Danke!
In Liebe,
Mam

*„Die Rose schenkt
ohne Unterschied
jedem Menschen ihren Duft"*

Vorwort

Dieses Buch enthält die Botschaft, daß außer unserer sichtbaren Welt, in der wir leben, noch eine unsichtbare, geistige Welt existiert.

Wegbereiter für meine Engelverbindungen waren Naturbetrachtungen. Im Beobachten des Jahreskreislaufes der Pflanzen, ihrem rhythmischen Gedeihen und Vergehen, entwickelte sich mein Empfinden für die in den Pflanzen verborgenen kosmischen Wachstumskräfte.

Wenn wir danach streben, mit der ganzen universellen Schöpfung in Einklang zu leben, kann die geistige Welt für uns fühlbar und in gewissem Sinn „sichtbar" und „hörbar" werden.

Vertieft wurde dieses Erleben durch den Schulungsweg von Rudolf Steiner, auf dem mich sehr bald mein Engel beratend und prophezeihend begleitete.

In dem Kapitel „Übungen zur Stärkung von Gedanken, Gefühl und Willen" beschreibe ich die wichtigen Impulse dieses Erkenntnisweges, der den Alltag mit dem Göttlichen verbindet.

Es gibt positive Energien guter geistiger Kräfte: Engel. Wenn wir unser Gemüt durch liebevolle Gedanken, Gefühle und Taten sensibilisieren, indem wir unsere Tugenden aufmerksam und bewußt schulen, können wir eine Empfindungsbereitschaft für Engelkräfte in uns entwickeln. Engel stehen gewissermaßen immer still und meistens unbemerkt neben uns. Diese himmlischen Helfer warten geduldig darauf, daß wir sie rufen, um mit ihnen zu leben. Das Ergebnis fühlen wir in unserer Seele:

Dort wohnt plötzlich tiefe, kräftigende Ruhe anstelle von Hektik. Vertrauen in uns und unser Schicksal ersetzt Angst, Mißtrauen und Zweifel. Verständnis für die Schwächen anderer nimmt den Platz von Kritik ein. Krankheit wird entschlüsselt und der Weg zur Heilung vorbereitet. Traurigkeit und Pessimismus weichen heiterer Gelassenheit. Nicht Rücksichtslosigkeit, sondern Rücksichtnahme, nicht Rache, sondern Verzeihen, nicht die Lüge, sondern die reine Wahrheit, nicht Haß, sondern Liebe ist der Weg, den wir in unserem Leben ergreifen sollten.

Welcher Mensch hat nicht das Ziel, in Freude zu leben?

Hier helfen uns gute Geisteskräfte, denn LIEBE IST DER WEG.

GABRIEL, der Engel, der seit vielen Jahren zu mir spricht, sagte
„Sei Du eine Engelbotschafterin."

Das will ich von Herzen gern versuchen.

Kapitel 1

Vom Wesen der Engel

Ein Menschenschicksal ist mit der Wiedergeburt verbunden

„Des Menschen Seele gleicht dem Wasser: Vom Himmel kommt es, zum Himmel steigt es, und wieder nieder zur Erde muß es, ewig wechselnd ..."
JOHANN WOLFGANG
VON GOETHE

Schicksal ist geschicktes Heil

Der Gedanke an die Wiedergeburt kann uns zu der geistigen Welt führen.

Welche Kräfte einer Allmacht wirken unsichtbar und unerschütterlich hinter allem Sichtbaren?

Schicksal setzt sich aus den Wörtern „schicken" und „sal" (lat. salus = Heil) zusammen. Es ist sozusagen ein uns „geschicktes Heil". Durch das Annehmen unserer Schicksale können wir immer heiler werden und nähern uns auf diesem Heilsweg unserem Höheren Selbst – dem Engel in uns.

Rudolf Steiner entwickelte den Gedanken, daß wahrscheinlich jeder von uns auf diesem Erdenplaneten ungefähr 360 Inkarnationen hat. Daher ist es wichtig zu begreifen, daß wir es sind, die dafür sorgen, welche Gestalt die Erde durch uns bekommt! Denn wir bestimmen durch die Art und Weise, wie wir leben, die Gestalt unseres nächsten Erdenlebens, und wir gestalten durch unsere Behandlung auch die Erde. Nur unsere Fürsorge kann der gedankenlosen Mißhandlung und Vernichtung von Mensch und Erde ein Ende bereiten.

„Liebe deinen Nächsten wie dich selbst" heißt das Gebot. Wer sich selbst liebt, zerstört sich nicht die Grundlage für sein zukünftiges Leben auf dieser Erde, sondern er bewahrt das Ererbte für sich und alle anderen Menschen in der Gegenwart und Zukunft.

Oft hört man jemanden in einer traurigen Lebenssituation resignierend sagen: „Das ist doch alles Schicksal." So, als wären wir einer höheren Macht hilflos ausgeliefert, die uns willkürlich und gnadenlos ohne Gründe herumschubst. Diese Worte klingen bedrückend und schwächen unsere Tatkraft, die wir dazu benötigen, unser Leben bewußt zu leben und uns zu wandeln, damit wir gelassener und glücklicher werden.

Joy-Engel, orange

**Unser Engel hütet unser Gedächtnis von
Inkarnation zu Inkarnation**

Engel sind im Seelisch-Geistigen eines Menschen zu Hause. Sie kennen unser Gedächtnis und unser Unterbewußtsein, denn sie begleiten uns von Inkarnation zu Inkarnation und sehen unsere Erdenleben wie ein Panoramabild ausgebreitet vor sich.

Engel existieren in einer Sphäre, die frei von Zeit und Raum ist. Daher sind Botschaften aus der geistigen Welt immer ohne weltliche Zeitangaben. Die Geschehnisse unseres Lebens verknüpfen sich für einen Engel immer mit unseren Taten und unseren Entwicklungszuständen.

In der Phase zwischen Erdentod und Erdengeburt wird unser zukünftiges Erdenschicksal im göttlichen Plan angelegt. Dabei wirken die himmlischen Helfer, jene Engel oder Boten Gottes, die kosmischen Energieströme des Alls, hilfreich mit.

Kein Gottesgedanke ist falsch oder versehentlich mißglückt, sondern alles hat in der Welt der Schöpfung seine Richtigkeit. Wer glaubt, der Glücklichere sei der besser Aussehende, der klügere oder der von der Ferne mächtigere Mensch, der irrt. Denn der wahrhaft Glücklichere ist jener, der gelernt hat, die Schwächen und Fehler an sich zu erkennen, zu verstehen und anzunehmen, und der andere Menschen ebenso akzeptiert, wie das Schicksal sie inner- und äußerlich geschaffen hat.

Die Allmacht weiß aufgrund ihres Allwissens, wie und was jeder einzelne Mensch in der Vergangenheit war, in der Gegenwart ist und mit seinen individuellen karmischen Voraussetzungen in Zukunft sein wird. Diese allmächtige Urlichtquelle weiß, wie ein jeder von uns in einer bestimmten Situation denken, fühlen und handeln wird. Gott weiß alles, denn zu seinem Reich gehören Himmel und Erde. Er ist der Alleinige. Alles ist in ihm enthalten.

Akasha- oder Himmelschronik

Dieses Allwissen steht in der Himmelschronik, der sogenannten Akasha-Chronik, mit der Kraft von Lichtgedanken „geschrieben" und ist für HellseherInnen, deren Gemüt geistige Schwingungen empfangen kann, fühlbar bzw. geistig sichtbar.

Das bedeutet jedoch nicht, daß alle unsere Gedanken, Gefühle und unser Handeln durch die Allmacht vorbestimmt sind und wir als lebende Marionetten auf der Erde vegetieren, denn wir Menschen haben ja keinen Zugang zu diesem Allwissen. Wir haben es mit unserer Erdengeburt vergessen und entscheiden selbst immer wieder mehr oder weniger bewußt. Bei unserer Geburt auf der Erde haben wir sogar unsere Schicksalsaufgabe vergessen, um uns hier in absoluter Freiheit entwickeln zu können.

„Das Schicksal ist wie der Flug der Vögel: Im Herbst ziehen sie in den Süden und überwintern, und im Frühjahr kehren sie in ihre Heimat zurück. Der Sonne entgegen entschwebt der Mensch, und zur Erde zurück kehrt er bei seiner Geburt. Schicksal webt er ohne Unterlaß. Wie ein Weber einen Mantel nach dem anderen."

Jeder Mensch webt sein Schicksal selbst

Eine Botschaft von GABRIEL über das Schicksal

„Du hoffst auf eine kurze Antwort, aber es sind so mannigfaltige und bunte Bilder, daß ich lange reden muß.

Es ist eine Frage der Liebe, wann der Mensch erlebt, daß schicksalhafte Begegnungen ihm sein Leben gestalten. Der ganze Lebensweg bietet die Möglichkeit, Schicksalhaftes zu erkennen, wenn er das Schmerzvolle und das Leid der Freude gleichsetzt und erkennt, daß Freude und Leid einander abwechseln.

Manche Menschen wirken seit langer Zeit an ihrem Schicksalskleid, und es ist voller Rosen und duftender Blüten.

Andere leben rücksichtslos und gedankenlos auf dieser Welt.

Ihnen gehört das graue Kleid der Gedankenlosigkeit.

Wieder andere feiern Feste und schmücken sich mit Juwelen, die ganze Heerscharen von Sklaven erschuften mußten, ohne zu fragen, wessen Leid und wessen Schmerz ihre Sorglosigkeit erlaubt.

Ihr Schicksalsgewand ist stinkender als der Abfall ihrer Tafel.

Andere wirken ein Leben lang in Frieden und Liebe zur Schöpfung, ohne zu fragen, welchen Erdenlohn sie erhalten.

Ihr Schicksalskleid ist aus roter Seide und zart wie ein Rosenkelch.

Wirken Menschen ein Leben lang lau, einmal liebevoll und einmal gedankenlos, dann umhüllt sie ein Schicksalsmantel aus hartem Stoff, der sie kratzt, damit sie aufwachen.

Nun entscheide ein jeder, aus welchem Stoff sein Schicksalsgewand gewebt ist."

Was bedeutet im Schicksalserleben der Begriff Freiheit für einen Menschen?

Der freie Geist ist nichts und niemandem untertan. Er hört nur auf sein Herz, seinen inneren Impuls und seine Intuition. Freiheit heißt für mich auch, allein sein dürfen, das ist eine Gnade. Wenn man allein ist, ist man eins mit dem All und allem. Dann lebe ich in einer harmonischen Schwingung, in mir ruhend, friedlich und glücklich, mit dem Gefühl der Geborgenheit im Universum.

Engelbotschaft von Gabriel über die Freiheit

„Für Dich ist die Freiheit in diesem Leben das Wichtigste.
Du fliegst mit ausgebreiteten Schwingen und fürchtest keinen Sturm,
sondern wirfst dich den Stürmen entgegen und kämpfst so lange,
bis Du in Freiheit weiterfliegen kannst.
Du denkst, alle Menschen haben solche Schwingen,
um für die Freiheit zu kämpfen, aber das ist ein Irrtum.
Es gibt Menschen, die sind gerade aus dem Ei geschlüpft
und haben nur einen zarten Flaum und Flügelstummel.
Andere haben einen zu schweren Leib für ihre kleinen Flügel
und fallen bei jedem Flugversuch wieder auf die Erde.
Manche haben allerdings eine solche Liebe in sich, daß sie pfeilschnell fliegen,
wie ein Vogel, der leicht und hurtig durch die Lüfte schnellt.
Der wilde Flügelschlag von einem Hahn ist zum Fliegen ungeeignet.
Er schreit besser, als er fliegt. Freiheit lernt er nicht kennen.
Stumme, gute Flügelschläge haben die Menschen,
die ihren Lebensweg in Freiheit und Liebe durchfliegen.
Ihnen gehört der Himmel. Deshalb können sie so gut fliegen
wie nur wenige.
Höre Du: Die Freiheit ist der Gefährte der Liebe.
Freiheitliche Liebe und liebevolle Freiheit sind eins."

Die Freiheit ist der Gefährte der Liebe

Die Entwicklungshilfen der geistigen Welt bestehen aus „Zufällen", die uns ganz bewußt „zufallen". Diese Schicksalsfügungen können sehr vielseitig ein, um den Menschen darauf aufmerksam zu machen, daß er etwas ändern sollte.

Es gibt von Rudolf Steiner eine Meditation, die meiner Meinung nach demjenigen, der sie regelmäßig macht, das Gefühl vermittelt, selbst an seinem Schicksal mitwirken zu können.

Diese Meditation geht folgendermaßen:

Man stellt sich mit geschlossenen Augen vor, auf dem Bürgersteig an einem bestimmten Haus vorüberzugehen. Kurz

9

„Sich verirren ist aller Sterblichen gemeinsam Los. Doch irrt er auch, der bleibt nicht ohne Rat und ohne Segen, der sich heilen läßt von seinem Übel und sich wandeln kann."
SOPHOKLES (497–407 v. CHR.), ANTIGONE

nachdem man an der Haustür vorbeigelaufen ist, fällt ein Dachziegel herab und trifft den Kopf.

Nun beginnt man von vorne. Man geht denselben Bürgersteig entlang, aber an der Haustür hält man an und betritt das Treppenhaus, läuft geschwind die Stufen zum Dach hinauf, nimmt den lockeren Dachziegel und befestigt ihn. Dann geht man wieder hinunter und läuft auf dem Bürgersteig weiter, ohne daß etwas passiert.

Die Erkenntnis durch dieses eingreifende Handeln könnte zum Beispiel folgende sein: Das Schicksal läßt uns den Dachziegel auf den Kopf fallen, wenn wir es unterlassen haben, die lockeren Dachziegel zu erkennen und in Ordnung zu bringen.

Der Engel in unserem Höheren Selbst

In den Anfangsbuchstaben des Namens Jesus CHristus steckt das Wort ICH.

Das Leben von Jesus Christus war eine einzige Botschaft der Liebe, die uns zeigt, wie wir den Egoismus in uns überwinden und zu unserem wahren Ich finden können.

In dem Wort LICHT steckt unser ICH. Wir sind die Kinder des Logos, der Urlichtquelle des Universums.

Wir suchen das Licht, das uns im Physischen erhellt und im Geistigen erleuchtet. Wir werden selbst zu einem Licht, wenn wir lieben, denn dann strahlen und leuchten wir ohne Unterlaß.

„Ich liebe Dich" sagen wir glücklich, und wer genau hinschaut, sieht, daß sich das Wort DICH aus dem D von Du und dem ICH zusammensetzt. Ich erkenne und fühle das wahre Ich des anderen und liebe in ihm sein Ich. Denn mir wird durch meine Liebe zu ihm das Verborgene seines Wesens sichtbar, das die anderen oft nicht erkennen können. Meine Liebe entdeckt und sieht seine guten Eigenschaften, jenen göttlichen Funken, der in jedem Menschen vorhanden ist.

„DICH" setzt sich aus dem „D" von DU und ICH zusammen

Nach den Einsichten vieler MystikerInnen ist es unser Menschheitsziel, ein Ebenbild Gottes zu werden, das heißt wieder bewußt eine Einheit mit der ganzen göttlichen Schöpfung zu bilden.

Wer versucht, verständnis- und liebevoll zu leben, stärkt nicht nur die eigene Ausgeglichenheit, sondern die des ganzen Universums. Denn alles ist eins.

Wir stärken unser Ich durch den Verzicht auf die Erfüllung (auch unwesentlicher) Wünsche. Und indem wir lernen, erst dann zu handeln, wenn wir uns einen gesamten Überblick bil-

Schutzgeist des Schlafes

den konnten. Dafür müssen wir auch die entgegengesetzten Standpunkte betrachten und abwägen.

Unser Ich ist der Träger des menschlichen Selbstbewußtseins und für das harmonische oder disharmonische Zusammenspiel aller Wesenszüge zuständig. Letztendlich ist das Ich unser Charakter und dasjenige, was uns mit unserer Umgebung verbindet.

Wenn wir uns bemühen, unser Ich zu einem wahrheitsvollen, reinen Wesen zu wandeln, tragen wir mit unserer reinen Ausstrahlung im geistigen Sinn zum Wohl der gesamten Menschheit und Geisteswelt bei. So wie die Schönheit und Vollkommenheit jeder einzelnen Rose zur Zierde und Vollkommenheit des ganzen Gartens beiträgt.

Wir schwanken mit unserem Ich zwischen unserem egoistischen und unserem Höheren Selbst und kämpfen, trotz aller Bemühungen, in Liebe zu leben, zwischen diesen beiden Zuständen von Gut und Böse. Unser Ego denkt, fühlt und handelt nur auf uns selbst bezogen, eben egoistisch.

Gewissermaßen ist in unserem Höheren Selbst unser Engel als göttlicher Gedanke zu Hause. Die Geister der Form, die

11

Aus „Die Antwort der Engel"
von Gitta Mallasz:
„An einem Ende – die Liebe,
am anderen Ende – das
Licht.
Zwischen den beiden bist du
gespannt.
Das ist dein Weg.
Liebe ohne Licht ist nichts.
Licht ohne Liebe ist nichts. "

„Was tut der Engel im Astralleib?"

Brüderlichkeit, Religionsfreiheit und Geisteswissenschaften durch bewußtes Denken

Exusiai (6. Hierarchie), die die Erdenentwicklung dirigieren, gaben uns einst unser ICH (vgl. Kapitel: Die neun Chöre der Engel). Die Engel sind die Leiter und Führer des menschlichen Ich nach dem Tod. Auch während des Schlafes wirken Engelkräfte heilend und inspirierend im Menschen.

Unser Ich bleibt in allen Daseinsformen – im Dies- und Jenseits – ICH!

„Was tut der Engel in unserem Astralleib?" heißt ein Vortrag von Rudolf Steiner über die Arbeit und die Wirkung des Engels in der Seele und im Geist des Menschen während des Schlafes. Dieser kleine Band gehört zu den wichtigsten Engelbüchern des zwanzigsten Jahrhunderts. Die darin beschriebene Engelarbeit während unseres Schlafes trägt zur zukünftigen Entwicklung der Menschheit bei.

Unter der Anleitung der Geister der Form, der Exusiai (6. Engelchor), haben die Engel die Aufgabe während des Schlafes in den Astralleibern (Seelen-Geistleiber) der Menschen Bilder zu formen. In diesen Bildern, welche die Engel in unseren Träumen weben, liegen wichtige Impulse für die zukünftige Menschheitsentwicklung.

Die Engel haben bei dieser Arbeit eine ganz bestimmte Absicht für die zukünftige, soziale Gestaltung des Menschenlebens auf Erden. Der erste Impuls dieser Engelinspiration ist Schwesterlichkeit und Brüderlichkeit im irdischen Leben, was in unserer Gesellschaft heute immer wichtiger wird.

Der zweite Impuls verfolgt das Ziel, daß in Zukunft jeder in seinem Mitmenschen das verborgene Göttliche sehen soll. Die Menschen sollen lernen, einander als Wesenheiten zu erfassen, in denen sich auch die geistige Welt offenbart. Daraus entsteht Religionsfreiheit für die Seelen.

Der dritte Impuls der Engel ist es, den Menschen die Möglichkeit zu offenbaren, durch das Denken zum Geist zu gelangen. Dadurch soll eine neue Geisteswissenschaft entstehen. Steiner sah auch in hellsichtiger Schau voraus, was im Laufe des zwanzigsten Jahrhunderts geschehen würde, wenn die Menschheit die Impulse der Engel „verschlafen" würde:

- Den Mißbrauch von Sexualität und den Geheimnissen der Empfängnis.
- Eine materialistische Entwicklung der Heilkunst.
- Die Entwicklung gewaltiger Maschinenkräfte, die allein dem Egoismus der Menschheit dient.

Die Musik der Engel

„Um Mitternacht, im Schlafe schon,
ermuntert mich ein milder Ton.
Ich tu die Fensterladen auf
und schaue nach dem Sternenlauf.
Im Waldgebirg der Mond versinkt.
Die Notenschrift am Himmel blinkt.
War das der Klang? Klang dort das Lied?
Die Augen werden wieder müd.
Aus halbem Winkel seh ich nur,
entschwinden eine Silberspur.
Ein Engel, der vorüberlief.
Und wieder sang es, da ich schlief. "

ALBERT STEFFEN

Der Astronom und Astrologe Johannes Kepler (1671–1731) schreibt, daß der Schöpfungsplan, nach dem die Welt von Gott gebaut worden ist, den Gottesfürchtigen durch die beobachteten Gesetzmäßigkeiten eine Offenbarung ist.

Kosmische Engelsmusik – planetarische Töne, schwingend im Weltenäther

Aufgrund seiner Beobachtungen kommt Kepler zu dem Resultat, daß die Voraussetzung für unser Planetensystem ein bewußter Weltenbauplan sein muß. Denn wenn die Verhältnisse der Bahnelemente bei der Weltenerschaffung nicht so günstig ausgefallen wären, hätten wir kaum Gelegenheit, das Sonnensystem zu erleben, da es sich dann entweder zu einem Klumpen zusammengeballt hätte oder im Weltraum auseinandergestoben wäre, und dort dann keine Möglichkeiten zu organischem Leben bestanden hätten.

Gott ist heilige Ordnung und ewige Gesetzmäßigkeit.

Unsere Planeten bilden zusammen mit der Sonne nur deshalb ein so stabiles System, weil sie sich ohne Unterbrechung im Gleichgewicht ihrer Bewegungen befinden. Diese Ausgewogenheit aller unterschiedlichen planetarischen Bewegungen, so Rudolf Steiner, ist auf die Einwirkungen von Engeln des fünften Chores zurückzuführen, die auch die Namen „Geister der Bewegung", „Dynamis", „Virtutes" oder „Weltenlenker" tragen (vgl. Kap. „Die neun Chöre der Engel – Hierarchienlehre).

Betrachten wir einmal die Bedeutung der Bezeichnungen, die die Geister der Bewegung erhielten: Dynamis ist griechisch/ lateinisch und heißt Kraft, Vermögen und Fähigkeit. Dynamik ist die Klangfülle und Tonstärke in der Musik. Ein Virtuose ist

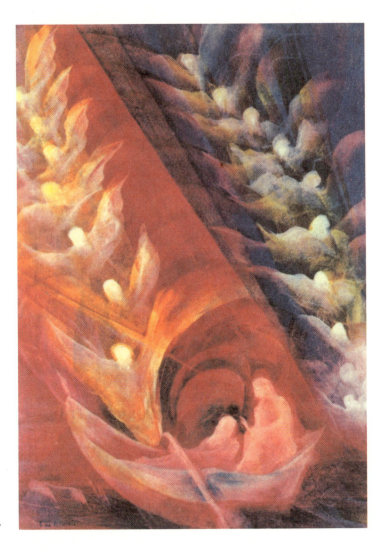

Die Apokalypse

Von GABRIEL erhielt ich zum Thema Musik folgende Botschaft
„Eine Musik ist im Himmel wie ein Segenslied. So laut preisen die Musikanten den Schöpfer, daß es klingt, als ob hinter jedem Spieler noch viele andere stehen, die ihre Instrumente zum Klingen bringen.
Es sind solche Töne, daß Du sie nicht ertragen könntest, so durchdringen sie alles. Du kannst das nicht verstehen, wie es klingt, wenn Musik überall ertönt und alles zum Schwingen bringt. Es gibt keinen Platz, wo die herrlichen Laute nicht erschallen."

ein ausübender Künstler, besonders in der Musik, der seine Kunst mit vollendeter Meisterschaft beherrscht.

Schon Phytagoras erlebte, daß Planeten farbige und tönende Wellen aussenden, die der lebendige Ausdruck des Gleichgewichtes sind, das in unserem planetarischen Kosmos herrscht. Planeten sind Zentren von Energieschwingungen.

Planeten sind Zentren von Energieschwingungen

Johannes Kepler nannte den Schöpfergott den „Vater des Lichts". Er schreibt in seinem Buch „Kosmische Harmonien": „In den Grenzwerten der Umlaufgeschwindigkeiten der Planeten, wie sie einem Beobachter von der Sonne aus erscheinen, ergeben sich Einzeltöne und drücken sich in gewissem Sinne Tonarten aus. Die Planeten verändern nämlich auf ihrer Bahn um die Sonne ihre Geschwindigkeiten: Langsam durchschreiten sie den von der Sonne entfernteren Aphel (tiefster Tonwert) und am schnellsten den sonnennahen Punkt, den Perihel (höherer Tonwert). Es entstehen dadurch Eigenmelodien und die Eigenintervalle, die Gesamtharmonien und die Tonleitern aller Planeten."

Diese Töne, können als die kosmische Engelsmusik verstanden werden. In der Kunst werden Engel oft singend und mit Instrumenten dargestellt. Kepler hat sogar verschiedene Planetenmelodien ausgerechnet und festgestellt, daß die Kirchenmusik auf diesen klangvollen Planetenharmonien beruht.

Manche Menschen können diese planetarischen Töne der Schöpfungsgeister, die im Weltenäther schwingen, hören. Komponisten, die für solche Schwingungen ein offenes Gemüt und dadurch ein empfindsames inneres Ohr hatten, schrieben diese Sphärenklänge nieder. Aus der Musikgeschichte ist W. A. Mozart dafür ein berühmtes Beispiel.

Die Tempel der Antike waren nach genau berechneten Harmoniemaßen, nämlich in Längenmaßstäbe übertragenen Intervallen, gebaut. Auch in der Pflanzenwelt herrscht zum Beispiel im Wachstumsrhythmus der Blattfolgen eine kosmische Klangharmonie. Die Blätter wachsen, je nach Pflanze, in Intervallen um den Stil. Es gibt eine Aufstellung von gleichschwingenden Dingen unterschiedlicher Ebenen:

Musik in der Natur

Die einzelnen Wochentage haben in der abendländischen Tradition ihre Namen von den Planeten, die unserer Erde am nächsten sind. Diese üben im feinstofflich-ätherischen und astral-geistigen Sinn eine gewisse Ausstrahlung bzw. Schwingung auf unseren Heimatplaneten aus (Äther = griech. aither = Klarheit, Luft, Helligkeit).

„Musik ist Jubel und Klagen.
Alles kann die Musik.
Musik im Himmel
ist immer Lobgesang.
Auf der Erde
wird die Musik manchmal
zum Klagelied."

Tabelle:
Wochentage,
Planeten, Metalle,
Bäume und Getreide

Sonntag	(sunday)	= Sonne	Gold	Esche (germ. Welteneiche)	Weizen
Mon(d)tag	(lundi)	= Mond	Silber	Kirschbaum	Reis
Dienstag	(mardi)	= Mars	Eisen	Eiche	Gerste
Mittwoch	(mercredi)	= Merkur	Quecksilber	Ulme	Hirse
Donnerstag	(jeudi)	= Jupiter	Zinn	Ahorn	Roggen
Freitag	(vendredi)	= Venus	Kupfer	Birke	Hafer
Samstag	(saturday)	= Saturn	Blei	Buche	Mais

In der deutschen, englischen und französischen Sprache sind die ursprünglichen Wortabstammungen der Wochentage noch gut sichtbar. Jedem dieser Tage und Planeten ist auch ein bestimmtes Metall zugeordnet, das ebenfalls die gleiche Schwingung haben soll. So geht es weiter mit dem entsprechenden Baum, der jeweiligen Farbe und dem passenden Getreide.

Ernährung im Einklang mit der kosmischen Schwingung

Wenn man sich der kosmischen Schwingung durch die Ernährung anpassen will, ist das zum Beispiel durch den täglich wechselnden Verzehr des betreffenden Getreides möglich. Der menschliche Verdauungsorganismus ist dann gewissermaßen von der gleichen Schwingung erfüllt wie der Kosmos. Dadurch entsteht ganz nebenbei ein sehr ausgewogener Ernährungsplan.

Wenn wir diese Zuordnungen in unser Leben integrieren, entwickelt sich auf den verschiedenen energetischen Ebenen der Feinstofflichkeit und der Grobstofflichkeit eine Einheit mit dem Engelwirken.

Rhythmen, Zahlen und Gesetzmäßigkeiten von Mensch und Kosmos

Wenn wir die Gesetzmäßigkeiten des Kosmos und die Verbindungen zwischen Sternenwelt und Erde zu verstehen beginnen, können wir erkennen, daß in der Schöpfung eine tiefe Gesetzmäßigkeit waltet. Die Planeten ziehen rhythmisch und unbeirrbar auf ihren Bahnen durch die Weiten des Kosmos. Durch ihre Bewegung wird das Leben auf der Erde bestimmt. Durch die Rotation unserer Erde und dem damit verbundenen Tag- und Nachtrhythmus werden wir Erdenbewohner rund um die Welt nur zeitweise von der Sonne intensiv bestrahlt. Es entsteht ein täglicher Schlaf- und Wachtakt aller Pflanzen und Lebewesen.

*Engel
in hellgelbem Sandstein*

Die verschiedenen Jahreszeiten in unserem Kulturbereich sind ebenfalls auf den Lauf der Planeten zurückzuführen. Alles hängt zusammen. Jede noch so kleine Pflanze beginnt im Frühjahr zu blühen, bringt im Sommer Früchte hervor, welkt im Herbst und schläft im Winter. Dabei läßt sie ihren pflanzlichen Wachstumsgeist in die Wurzel zurückströmen. Im nächsten Frühjahr wiederholt sich der Kreislauf des Werdens, Wachsens, Reifens und Sterbens aufs Neue, immerfort und fort. Ebenso wandern wir Menschen in dem uns eigenen Rhythmus zwischen der irdischen und geistigen Welt hin und her.

Die Bedeutung der Zahl 25.920:

- 25.920 Einheiten zählt der mittlere Erdumfang in griechischen Meilen gemessen.
- 25.920 Einheiten zählt das Platonische Jahr. So viele Jahre dauert es, bis der Frühlingspunkt einmal durch den Fixsternhimmel gewandert ist. Wenn davon ausgegangen wird, daß ein Mensch pro Minute 18 Atemzüge macht, ergibt sich folgende Aufstellung:
- 25.920 Atemzüge pro Tag/24 Std. = 1.080 Atemzüge pro Std. (60 Min. à 18 Atemzüge)
- 25.920 Stunden = 1.080 Tage = 3 Jahre = 1 Weltenstunde
- 25.920 Tage = 3 Jahre x 24 Jahre = 72 Jahre* = 1 Weltentag
- 25.920 Monate = 72 Jahre x 30 Jahre = 2.160 Jahre = 1 Weltenmonat
- 25.920 Jahre = 12 x 2.160 Jahre = 72 J. x 360** Tage = 25.920 Jahre = 1 Weltenjahr

*durchschnittliches Menschenalter
**lt. Rudolf Steiner hat ein Mensch 360 Inkarnationen

Engels-Spirale

Wie in der vorstehenden Tabelle gezeigt, werden die rhythmischen Zusammenhänge im Kosmos zwischen Himmel und Erde in der Zahl 25.920 deutlich. Mit dieser Zahl können also die unterschiedlichsten Verbindungen dargestellt werden.

Engel in verschiedenen Kulturen

Schon die vorchristlichen Kulturen kannten geflügelte Wesen, Götter und Götterboten.

Die Götter der germanischen und griechischen Mythologie verwandelten sich in Himmelsboten und zeugten mit Menschenfrauen Kinder.

Im alten Ägypten finden sich Darstellungen von Vogelfrauen aus dem Reich des Todes. Es sind die Seelen der Verstorbenen, die unseren Engelsvorstellungen ähneln. Die Göttin Isis wird auf einem der goldenen Schreine des Tut-ench-Amun (Museum in Kairo) mit Flügeln dargestellt. Ihre machtvollen Schwingen verbinden Himmel- und Erdenkräfte und verheißen göttlichen Schutz.

In Assyrien, dem Zweistromland des Euphrat und des Tigris, standen vor den Palästen und Tempeltoren heilige Hüter: Sie hatten Löwenleiber mit Adlerflügeln, Menschengesichtern und Stierfüßen (Löwe, Adler, Mensch/Engel und Stier sind auch die Symbole, die den vier Evangelisten zugeschrieben werden).

Im Tempel des Königs Salomon bewachten zwei geflügelte Engelwesen (Cherubim) die Bundeslade mit dem Allerheiligsten, den Gesetzestafeln.

In Griechenland ist Hermes jener geflügelte Götterbote (bei den Römern Merkur), der im Auftrag der Götter zwischen dem Himmel und den Menschen auf der Erde vermittelte.

Das himmlische Paar Zephyr und Isis (Westwind und Regenbogen) zog als geflügelte Gestalten den goldenen Wagen der Liebesgöttin Aphrodite.

Die Geschichte des Islam beginnt mit der Berufung des Propheten Mohammed durch den Erzengel GABRIEL. Auch die Hochkulturen der südamerikanischen Indianer kannten gefiederte Wesen mit Flügeln, Repräsentanten spiritueller Kräfte.

Die für mich schönste und lichteste Engelsstatue der Griechen ist die Nike aus dem Heiligtum von Samothrake. Sie steht heute im Louvre in Paris und vermittelt trotz ihres fehlenden Kopfes und des festen Steines, aus dem sie gehauen wurde, den Eindruck, nur ein zarter, vorübereilender Hauch zu sein.

Engels-Spirale

Engelbilder in der Geschichte

Der Unterschied zwischen dem Wesen von Mensch und Engel

Johannes Scotus Erigena hat im neunten Jahrhundert nach Christus ein Buch über die „Einteilung der Natur" geschrieben. In der langen Tradition der christlichen Philosophie schreibt er, daß die Inkarnation des göttlichen Wortes in Jesus Christus sowohl für die Menschen wie auch für die Engel bedeutsam war. Dem Menschen verhilft sie zur Wiederherstellung seiner Erlösung und den Engeln zur Erkenntis.

Mit der „Inkarnation des Wortes" ist die Menschwerdung von Gott in Christus gemeint. Durch diese Verkörperung des göttlichen Logos erhalten die Engel als reine Geistwesen die Möglichkeit, eine höhere Stufe der Erkenntnis zu erlangen. Die Men-

Engel leben ohne Raum und Zeit in der Ewigkeit

schen erhalten dadurch die Möglichkeit, ihre Erlösung zu erreichen, das heißt, sie können ihr Wesen, das der Sünde (Polarität und Karma) verfallen war, wieder erlösen und sich in Freiheit bewußt mit Gott einen.

Die Menschen, denen es gelingt, diese Geistesstufe zu erreichen, bilden dann in der sogenannten Hierarchienlehre den 10. Chor nach den Schutzengeln (vgl. Kap. „Der Mensch als zehnter Chor in der Hierarchienlehre").

Im Gegensatz zu uns Menschen muß ein Engel sich nicht für die gute oder böse Tat entscheiden. Er lebt nicht in der Polarität der Erde, sondern ist aufgrund seines göttlichen Ursprunges von Natur aus durch und durch gut. Diese personifizierten Kräfte Gottes, „Söhne und Töchter" der Allmacht, können nur Gutes im göttlichen Sinne denken, fühlen, tun und veranlassen. Nichts und niemand kann sie in Versuchung führen, denn sie sind in kristallklarer Reinheit die Vertreter der göttlichen Liebesmacht und Weisheit, die ihr ureigenster Wesenskern ist. Frei von jeglichen Instinkten, Trieben und Begierden leben diese Wesen in einer Sphäre der selbstlosen Hingabe, des Helferwillens und der Demut, ohne Raum und Zeit, in der Ewigkeit.

Engel sind lieblich und erhaben zugleich. Die himmlischen Heerscharen sind weisheitsvoll geordnete Hierarchien geistiger Kräfte. Ihr Wesen ist demütig und hoheitsvoll. In harmonischen Schwingungen ruhen sie kraftvoll und zart in ihrer Mitte, wahrheitsvoll und gerecht.

Die Wissenschaft vom Engelwirken wird Angelogie genannt. Sie hat sich im Laufe der Jahrhunderte durch die Beiträge verschiedener MystikerInnen und VisionärInnen immer stärker erweitert (zum Beispiel Hildegard von Bingen, Thomas von Aquin, Franziska von Rom, Emanuel Swedenborg, Jakob Lorber, Rudolf Steiner, Gitta Mallasz).

Angelino

Engel haben verschiedene Wirkungsbereiche, die in dem Kapitel „Die neun Chöre der Engel – Hierarchienlehre" genauer beschrieben sind.

Der Mensch kann durch Krankheit an seinem Leib, durch seelische Verstrickungen und durch geistige Erkenntnisse reifen und auch wieder heil werden.

Der Engel ist als Geistwesen nur im Wirkungsbereich der Erkenntnisse angesiedelt. Gewissermaßen nehmen die Engel die leiblichen und seelischen Erlebnisse der Menschen mit ihrem Geist wahr. Sie werden dadurch für den Engel geistige Wirklichkeit.

So haben Mensch und Engel die geistige Erkenntnisebene gemeinsam, auf der sie sich „begegnen" können.

Johannes Scotus Erigena beschreibt sehr bildhaft, daß Gott sowohl in der Natur des Menschen als auch in der Natur der Engel, denen allein die Betrachtung der Wahrheit geschenkt ist, wohnt. Wahrscheinlich sind wir Menschen durch unsere eingeschränkte Wahrnehmungsfähigkeit so eingeengt, daß wir die absolute Wahrheit nicht oder nur selten erkennen können. Diese zwei unterschiedlichen Naturen – Mensch und Engel – wohnen nicht etwa in zwei verschiedenen Häusern, sondern in ein und demselben Haus, das aus zwei verschiedenen geistigen Materien gebaut ist.

Wir Menschen müssen die Engel wahrnehmen

Wer im selben Haus wohnt, begegnet seinen Nachbarn ständig. Wir Menschen müssen die Engel nur wahrnehmen.

„Was ist ein Engel? Eine glühende Flamme ewigen Lebens, die sich aus sich heraus erhält und Liebe gebiert ohne Ende."

Tibetischer Engelsflügel

Die Flügel der Engel

Der Engel ist ein Himmelsbote zwischen der irdischen Welt und dem Allmächtigen. Auf griechisch heißt er Angelos. Ein Bote hatte in früheren Jahrhunderten die gleiche Gewalt und Bedeutung wie der Herrscher eines Landes. Denn häufig waren die Reiche so groß, daß die Untertanen ihren König nie zu Gesicht bekamen. So tat der Herrscher seinen Willen durch seine Boten kund, dem alle Untertanen gehorchen mußten wie ihm selbst. Die Engelsscharen sind Boten des Allerhöchsten. Sie sind, je nach ihrer Aufgabe, mit der entsprechenden Weisheit

und Macht ausgestattet. Wie soll man unstoffliche Gedankenkräfte einer geistigen Welt in feste, begreifbare Worte fassen? Der Informationsinhalt von Worten trifft nur unseren Verstand.

Die besten Möglichkeiten, Engel als alle Grenzen sprengende Gedanken des Göttlichen fühlend zu erfassen, sind Symbole, Bildersprachen und Kunstwerke in Klang, Farbe und Form. Diese können offenbarend wirken, wie zum Beispiel Ikonen, die als „Fenster zum Licht" bezeichnet werden. Ein jeder sollte selbst versuchen, in sich Empfindungen für den göttlichen Funken zu wecken. Wir sollten wieder „hellfühliger" werden, um die Welt des Geistes und das Wirken der Engel erleben zu können.

Das Göttliche fühlend erfassen

Als Wesen des Geistes haben Engel keinen materiellen Körper. Der Volksmund spricht von Gedankenblitzen, die aus den geistigen Lichtregionen Gottes und der Engel stammen. Aus dem Wort „Blitz" geht die helle Schnelligkeit, das Lichtvolle, das Erhellende, die ungeheure, kaum nachvollziehbare Kraft und auch die Heftigkeit der Gedankenstärke deutlich hervor. Die Gedankenkraft der Engel hat gewissermaßen eine ähnliche Stärke wie die Elektrizität; eine reine Lichtenergie, die auf bestimmten Frequenzen schwingt, wirbelt und blitzt. Leider können wir die Art und die Stärke der Gedankenkräfte noch nicht allgemein sichtbar beweisen. Trotzdem ist sie auf der geistigen Ebene durchaus existent. Unsere Impulse sind sozusagen schnelle Engelkräfte, und wenn wir nicht achtsam sind, können sie leider auch dämonenhaften Ursprungs sein.

Wer erkannt hat, daß unsere eigenen Gedanken nicht nur sehr schnell, sondern durchaus auch wirkungsvoll sind, kann vielleicht ein wenig Gefühl und Verständnis für die Wirkung von Engelkräften aufbringen.

Auf Bildern und anderen Kunstwerken werden Engel häufig mit Flügeln dargestellt. Auch in Visionen werden sie immer wieder mit Flügeln erlebt. Zu den ältesten Visionen, die dazu aufgezeichnet wurden, gehören die der Propheten Jesaja und Ezechiel aus dem Alten Testament.

Auch in der Gegenwart erleben Menschen Engel mit flügelähnlicher Ausstrahlung, mit Energiewirbeln und Lichtstrahlen, so daß die Flügel der Engel auch immer wieder mit ihrer Aura verglichen werden.

Die himmlischen Geister erscheinen den Menschen mit Federschwingen, weil diese gleichsam Symbole für die in Gedankenschnelle fliegenden Wesen sind.

Mit ihren Flügeln schwingen sich die Engel hinauf ins Licht. Ihre Schwungkraft trägt sie aufwärts in die Himmelsweiten und ermöglicht ihnen, das Geschehen auf der Erde von oben zu überblicken. Das Bewußtsein der Engel lebt im Lichte des göttlichen Bewußtseins und ist mit dieser allmächtigen Weisheit und dem Sinn allen Daseins verbunden.

Illustration links: Hüter der Quelle

Der Engel in uns

Engel sind wirklich existierende, individuelle himmlische Wesen mit einem Geist- und Seelenleib. Sie sind körperlos und haben daher nicht unsere Art von Sinnen:

Keine Augen zum optischen Sehen,
keine Ohren zum akustischen Hören,
keine Nase zum Riechen,
keine Haut zum Fühlen und
keinen Mund zum Schmecken.

Somit basiert sein Bild von uns nicht auf all diesen leiblichen Wahrnehmungsorganen, sondern es ist frei von Zeit und Raum und irdischer, sichtbarer Form. Das Bild, das ein Engel von uns und der gesamten Schöpfung sieht, setzt sich aus unseren Empfindungen und Gedanken zusammen, die wir bei dem Anblick der Schöpfung fühlen.

Als reine Gedankenkräfte sind Engelenergien zeit- und raumlos. Damit sind sie auch frei von räumlicher Geschwindigkeit. So wie wir uns gedanklich von einem Augenblick zum anderen vom Mond zum Mittelmeer bewegen können, ist es Engeln möglich, unabhängig von zeitlichen und räumlichen Faktoren, in Erscheinung oder Wirkung zu treten. Dazu kommt noch, daß Engelkräfte nicht an eine „Person" namens Engel gebunden sind, sondern zur gleichen Zeit an verschiedenen Orten auftreten und wirken können.

Engelkräfte können zur gleichen Zeit an verschiedenen Orten auftreten

Wenn wir im bewußten, alltäglichen Leben unsere Schicksalsaufgabe vergessen, dann „erinnert" der Engel mit bestimmten, meist schmerzlichen Zufällen an unsere Lernaufgabe. Engelkräfte arbeiten in uns.

Der Engel fühlt unsere Gedanken und spürt die Wirkung unserer Taten als Schmerz oder als Freude. Denn unsere Empfindungen verursachen Schwingungen, welche die geistige Welt empfängt. Je intensiver und deutlicher differenziert wir empfinden können, um so klarer und stärker sind unsere Schwingungen für die Himmelswesen wahrnehmbar. Ein starkes Empfinden hat nichts mit Sentimentalität oder übermäßigen Gefühlsausbrüchen zu tun, sondern mit einem gleichbleibenden Maß an Einfühlungsvermögen und Verständnis. Lärm, ständige Musik- und Fernsehberieselung, aber ebenso ausschweifende Tagträumereien stumpfen die Feinfühligkeit unseres wahren Empfindens ab. Alle Dauerunterhaltungen und Betäubungen jeglicher Art halten ebenfalls davon ab, reine und tief empfundene Gefühle zu entwickeln.

Die Engel verlieren ihre eigene Wirklichkeit nicht, wenn wir nicht an sie glauben, aber sie können nicht zu unserer Wirklichkeit werden, wenn wir uns ihnen verschließen.

Wenn wir den Menschen als Mikrokosmos betrachten und uns in ihn hineinfühlen, dann bemerken und spüren wir, daß jeder eine andere Ausstrahlung hat, die uns entgegenschwingt.

Wir können versuchen, die Stimme unseres Engels zu erlauschen, wenn wir voll Hingabe andächtig in unserem Gemüt forschen. Der Engel spricht in Schwingungen zu uns, die unser Gemüt empfinden und auffangen kann, wenn wir uns dafür sensibilisiert haben. Durch die empfangenen Schwingungen entstehen in unserem Gemüt Bilder. Das ist auch der Grund, warum die Engelssprache oft recht blumig und altmodisch erscheinen kann.

Der Engel spricht in Schwingungen zu uns – und es entstehen Bilder

Der Engel steht in ständiger Verbindung mit dem Menschen, und wir müssen nur lernen, ihn in uns zu hören. Engel freuen sich mit uns und teilen auch unser Leid. Aber ändern können sie an unserer Pein nur dann etwas, wenn wir sie um Erleuchtung bitten und unsere Fehler erkennend ablegen. Es ist immer der Mensch, der für eine Verbindung zu seinem Engel offen sein muß, damit sie überhaupt stattfinden kann. Der Mensch öffnet sich durch seine Lebensführung und seine Bitten für die Hilfe des Himmels.

Man könnte auch sagen, daß Engel, diese göttlichen Boten der Liebe und des Lichtes, im Wesen von Menschen lebendig und in deren liebevollen Handlungen sichtbar werden. Deshalb ist ein Mensch noch lange kein Engel, er leiht den guten Geisteskräften zum Handeln nur seine Hülle und wird für Augenblicke zum Träger des Engelwirkens. Manchmal sind es die (noch) wenigen und kurzen Momente, wo es uns Menschen gelingt, in schlichter und selbstvergessener Liebe und Güte wie ein Engelwesen zu handeln.

Es ist möglich, seine Gedanken, seine Gefühle und sein Wollen durch bestimmte Meditationsübungen zu schulen, damit sie jederzeit bewußt gedacht, gefühlt oder getan werden können. Sentimentale Tagträumereien euphorischer oder dramatischer Art sind Unwahrheiten und verwirren unser Gemüt, weil sie uns von den Engelwesen in ihrem wahrheitsvollen Lichtursprung trennen. Nur ein wahrheitsvolles und geradliniges Geistes- und Seelenleben, samt den daraus resultierenden Handlungen, kann uns die Verbindung zu unserem Engel erhalten.

Der Engel ist ein Wesen der Geisteswelt. Er ist wie der gute Hirte und damit der Hüter unserer Seele. Seine Eingebungen sind unsere Einfälle, und das ist Gnade! Engelkräfte sind heilend und gut. Der Engel wartet still auf den Menschen. Er kann sich ihm erst hörbar oder sichtbar machen, wenn der Mensch sein Bewußtsein zu ihm erhebt.

Der Mensch erfährt die Hilfe des Himmels, sooft er darum bittet, denn sein Engel wacht an seiner Seite und wartet darauf, um Hilfe gebeten zu werden. Engelhilfe ist allerdings nicht unbedingt ein Abnehmen unerwünschter Schwierigkeiten, sondern oftmals eher eine seelische Unterstützung, um durch das tiefe Tal der Seelenpein hindurch zu finden. Wer die himmlischen Kräfte nur verschämt im Verborgenen bittet und in der Öffentlichkeit schmäht, der wartet vergebens auf ein Engelwirken. Die geistige Welt lebt in einer absoluten, wahrheitsvollen Liebe. Wer die Hilfe des Himmels erwartet, der muß in Wahrheit leben und die ganze Schöpfung gleichermaßen lieben:

Den Himmel mit seinen wahrheitsvollen Wesenheiten und die Erde mit allem, was auf ihr lebt und gedeiht!

Ich habe Engelhilfe bisher nie durch leibhaft vor mir stehende Engel erlebt, sondern in einer Symbolsprache, in Botschaften und Zufällen vieler Arten. Aber ich kenne Menschen, denen Engel in Licht- wie auch in Menschengestalt erscheinen.

Es gibt Menschen, denen Engel in Licht- wie auch in Menschengestalt erscheinen

„Im Grunde ist die Zeit zeitlos.
Sie entschlüpft uns
gleich einem glitschigen Fisch
oder lastet
wie ein Stein auf unserer Seele.
Unmeßbar ist die Zeit
und kann doch maßvoll sein
durch unser inhaltsvolles Tun.
Im Tun vergessen wir die Zeit.
Lassen wir die Zeit fließen.
Handeln wir doch einfach zeitlos,
nur unserem Herzen gehorchend."

Illustration links:
Duett

27

Den „Schleier" emporheben

Es gibt eine Reihe von Menschen, die „ihren" himmlischen Helfer sehen, fühlen, hören oder mit ihm sprechen können. Allerdings lernte ich diese Menschen erst kennen, als ich selbst ähnliche Erlebnisse hatte und dadurch ein Interesse für Engelbegegnungen verlauten ließ. Jeder hat dieses Phänomen sicher schon einmal erlebt: Wenn man sich plötzlich intensiv für eine Sache interessiert, staunt man darüber, wie viele andere Menschen sich auch damit beschäftigen.

Wenn Engel prophezeien, heben sich die Schleier der Unwissenheit und ein klarer Weg liegt vor uns

Wenn Engel uns Menschen Prophezeihungen zukommen lassen, ist das so, als würden sie einen oder mehrere Schleier emporheben, die bisher noch unser Bewußtsein für unseren zukünftigen Lebensweg verhüllt haben.

GABRIEL sagte mir Folgendes

„Ich belebe Deine Vorstellungskraft mit Gefühl, und Du bereicherst meine Empfindung mit Deiner Freude. Deine Freude ist Liebe und Dankbarkeit für den Freund des Himmels. Ich empfinde Dein Glück und Deine Schmerzen. Deine Pein ist meine Pein, wie Dein Glück meine Freude ist. Du hast Freude an Blumen. Ich fühle die warmen Schwingungen Deines Herzens wie einen Sonnenstrahl. Ich überlasse es Dir zu fassen, was eine Blume Dir bedeutet. Du strahlst bei jeder Blume anders. Ganz besonders wirst Du, wenn Du Deine Nase in den Blütenkelch einer Rose steckst, dann wirst Du ganz zart und voller Andacht.
Du hast eine Vielzahl von unterschiedlichen Schwingungen. Am schönsten ist Deine Schwingung, wenn Du lachst oder singst. Dann wirst Du leicht und gleitest pfeilschnell dahin in summender Fröhlichkeit.
Deine Gefühle fühlen sich wie Figuren und Formen aus einer Masse an, die Du nicht sehen kannst, sondern nur fühlen, wie ich.
Eine Masse, die aus Gefühlen besteht, kann erdrückender sein als Fels und Geröll. Gefühle erschrecken, erkalten und jubeln wie kleine Wesen. Wenn Du bedenkst, daß alle Wesen Nahrung brauchen, dann ernähre Deine Gefühlswesen nur mit tugendsamen Mitteln. Lasse Deine Gefühle essen von der Geduld, der Liebe und der Wahrheit. Speise sie mit Demut, Reue und Bescheidenheit. Gib ihnen zu kosten von den Speisen der Sanftmut, der Zartheit und des Verständnisses.
Der Glauben ist der Schlüssel für das Glück. Wer glauben kann, dem gehört die Welt des Himmels und der Erde."

Ein Traumerlebnis: Mensch zwischen Engel und Dämon

Jemand erzählte mir folgende Traumbegebenheit, die das Wesen des Engels und seine Stellung zu uns Menschen anschaulich beschreibt:

Der Träumende hing an der Außenseite einer Schloßmauer, die zu einer ihm seit Kindesbeinen wohlvertrauten und liebgewonnenen Ruine gehörte. (Gewissermaßen hing er mit letzter Kraftanstrengung an der festen Burg seines Ichs.) Seine Finger umklammerten mit aller Willens- und Körperkraft den kantigen Rand des Steinsimses, und er hatte das Gefühl, als verließen ihn allmählich seine Kräfte, um sein eigenes Körpergewicht über dem schwindelerregenden Abgrund zu halten. Da klammerte sich ein zappelnder, Fratzen schneidender Dämon an seinen Fuß. Dieser teuflische Kerl schwang hin und her und versuchte, den sich Festklammernden hinunter in den Abgrund zu ziehen. Der dreiste Bösewicht beschwerte den immer schwächer werdenden Menschen bis an die Grenzen seiner Belastbarkeit, und beinahe gelang es ihm, diesen zum Aufgeben zu bewegen, so daß er hinunter in die Tiefe zu stürzen drohte. Da erblickte der Verzweifelte eine schattenhafte, ruhig auf ihrem Platz verweilende Gestalt oben in der lichten Höhe der Burgruine. Sie war sein Retter in der Not. Doch sie rührte sich nicht, um ihm tatkräftig zu Hilfe zu eilen. Der über dem Abgrund Baumelnde bat dieses unbewegliche, große Ruhe ausstrahlende Wesen dringlich um Hilfe. Doch der in strenger Haltung Stehenbleibende gab dem Gepeinigten wortlos zu verstehen, daß er hier oben auf ihn warten würde und immer für ihn da sei. Aber es sei ganz allein seine Aufgabe, den Bösen an seinem Fuß abzuschütteln. Nur er selbst könne entscheiden, ob er das Gute oder das Böse wolle. Der Engel könne ihn nur retten, wenn er von sich aus das Gute wählen würde. Da entschloß sich der am Mauerwerk scheinbar hilflos Baumelnde für seinen Engel und sagte zu dem zappelnden Quälgeist einfach nur die Worte: „Geh weg", und er wurde sofort entlastet.

Erst wenn wir uns bewußt entscheiden, die Hilfe der Engel anzunehmen, steht sie uns offen

Was ist die Botschaft dieses Traumes? Der Mensch erhält Hilfe durch die Entscheidung für seinen Engel. Ungefragte Engelhilfe würde uns unsere Freiheit rauben. Das kann, will und darf kein Engel, denn er gehört ja zu der göttlichen Allmacht, die uns diese Freiheit gegeben hat!

Gustave Doré malte das Heer der Engel, in Form einer Rose dargestellt, in seinem Bild „Die heilige Schar" zu dem Canto 31 von Dantes „Göttlicher Komödie". Der Maler gestaltete die himmlischen Helfer in einer ringförmigen Anordnung um die geistige Sonne herum, die den Allerhöchsten andeuten soll. Der Text Dantes lautet wie folgt:

Die heilige Schar der Engel

„So in Gestalt von einer weißen Rose
hielt mich die heilge Kriegerschar umringt ...
Und stieg hinab zum Kelch, der sich zerteilt
in so viel Blätter, flog dann aufwärts wieder,
wo ihrer ewgen Liebe Ursprung weilt.
Lebendge Glut im Antlitz, ihr Gefieder
goldschimmernd, alles rein und weiß,
wie reiner Schnee nie fiel vom Himmel nieder.
So schwirrten sie und teilten inbrunstheiß,
was sie an Liebe droben eingesogen,
dem Blumenkelche mit von Kreis zu Kreis ...
Licht, das aus einem Sterne zu erfreuen
dreifachen Strahles weiß die selgen Scharen,
funkle auch uns, wenn Stürme uns umdrauen!“

Die neun Chöre der Engel – Hierarchienlehre

Für mich sind die Engelchöre neun Lichthüllen, von denen die äußersten mit uns Verbindung halten

Wenn ich die göttlichen Kräfte annähernd begreifen will, stelle ich mir eine kraftvolle Lichtintensität in Form einer Kugel vor, die von neun Lichthüllen umgeben ist, deren Leuchtkraft nach außen hin immer schwächer und für uns Menschen erträglicher wird. Die neun Lichthüllen sind die verschiedenen Engelchöre, und die äußersten von ihnen halten mit uns Verbindung.

„Die Engel im Himmel schauen allezeit das Angesicht meines himmlischen Vaters", sagte Jesus Christus (Matthäus 18, 10). Viele KünstlerInnen haben sich bemüht, diese geistigen Weltenkräfte in Bildern darzustellen. Oft umringen die Scharen der neun Engelchöre einen hell leuchtenden Mittelpunkt, der den Ursprung und die allerhöchste Kraft verkörpert.

„Im Urbeginne war das Wort,
und das Wort war
schaffend bei Gott,
und ein göttliches Wesen
war das Wort ...
In ihm war das Leben,
und das Leben war das Licht
der Menschen."
JOHANNES 1,1 UND 4

In der Bibel ist von zehntausend mal zehntausend Engeln die Rede. Diese Zahlenangabe bezieht sich auf jenseitige himmlische Zustände, und wir dürfen dabei nicht vergessen, daß Engel Energiefelder sind, die zur gleichen Zeit an verschiedenen Orten wirken können. Somit ist es unmöglich, eine begriffliche Einheit zu nennen, denn jegliche Zahl einer für uns nicht faßbaren Energie bleibt „un-be-greifbar".

Der Apostel Paulus bekehrte einen Athener namens Dionysius, der ein Mitglied im Areopag (Athener Gerichtshof) war. Er wurde als Dionysius Areopagita der erste Bischof von Athen. In

30

Schutzengel mit Seele

der christlichen Engelslehre, die einer seiner Namensnachfolger in der Mitte des fünften Jahrhunderts aufstellte und die Scotus Erigena (Scoter = Retter) im neunten Jahrhundert von der griechischen in die lateinische Sprache übersetzte, lernen wir neun Engelchöre vor dem Allerheiligsten kennen, die in drei mal drei Gruppen aufgeteilt werden, die in sogenannte Hierarchien eingeteilt sind.

Es gibt in Südamerika Pyramiden längst untergegangener indianischer Hochkulturen, die neun hohe Stufen haben. Das Wissen um die Aufteilung der Himmelsmächte ist wohl so alt wie die

31

Religionsgeschichte unserer Erde. Jede Kultur hat nur andere Namen für dieselbe Urkraft und ihre heiligen Gesetzmäßigkeiten.

Bevor ein Mensch lebensfähig ist, muß seine inkarnierte Seele neun Monate im Leib der Mutter einen Körper ausbilden. Auch unsere Krippenfiguren teilen sich in drei Gruppen: Josef, Maria und das Kind, die Heiligen Drei Könige und die drei Hirten. Das sind zusammen neun Figuren.

Die Engel der unterschiedlichen Hierarchien haben in Zeiten vor der Entstehung unserer heutigen Erde, in früheren Systemen, ihre jetzigen Fähigkeiten erworben.

Wir können uns die Engelkräfte der neun verschiedenen Chöre als unterschiedlich starke Schwingungen, als himmlische Intelligenzen im Kosmos vorstellen, von denen jede andere Eigenschaften und damit unterschiedliche Aufgaben besitzt.

Die neun Engelchöre sind unterschiedlich intensive Schwingungen

Die neun Engelchöre sind ausführende Organe des Logos. Jeder Chor hat in seiner Hierarchie im göttlichen Schöpferplan einen bestimmten Aufgabenbereich. Sie können von ihrer Wesensart her nicht anders, als sich selbst im Sinne dieses Planes hinzugeben. Engel sind gewissermaßen selbstlos Dienende.

Es ist anzunehmen, daß die Zahl der Engel des neunten Chores, der Angeloi, der Anzahl der lebenden Menschen entspricht. Die Zahl der Erzengel (achter Chor) wird wahrscheinlich der Anzahl der Völker auf dieser Erde gleichen.

Da alle Dinge im Kosmos einer Ordnung entsprechen, wird die Anzahl der Engel in den verschiedenen Chören wahrscheinlich mit abnehmender Chorzahl immer weniger. So kann man davon ausgehen, daß es von den Seraphim (erster Chor) zahlenmäßig die wenigsten gibt.

In Bildern gesprochen gibt es mehrere Himmel. Die Sumerer kannten sieben Himmel, und der Patriarch Henoch schreibt in seinen hebräischen Schriften ebenfalls von sieben verschiedenen Himmeln.

Jede Triade (Dreiergruppe) der neun Engelchöre lebt in einem eigenen Himmel. Das bedeutet in anderen Worten, daß jede der Engeltriaden auf einer anderen Bewußtseinsebene existiert. „Hellfühlige" haben dann je nach ihrer Bewußtseinserweiterung Zugang zu den unterschiedlichen Energien der Engelhierarchien.

Bei Dionysius sind alle himmlischen Intelligenzen Offenbarende und Boten des ihnen jeweils Vorausgehenden. Die Würdigsten der Engelsscharen offenbaren Gott, der sie bewegt; die anderen wiederum – ihrem Vermögen gemäß – die von Gott bewegten Wesenheiten.

Der Allerhöchste hat jede der drei Hierarchien in drei heilige Chöre oder Ordnungen unterteilt. Deshalb sind alle Hierarchien (insgesamt neun Chöre) in erste, mittlere und unterste Mächte eingeteilt.

Engelkräfte waren an der Schöpfung beteiligt

Die folgende Aufstellung der Engelchöre umfaßt ihre unterschiedlichen Aufgaben und ihre Zuordnung zu den Planeten in der Weltenschöpfung gemäß den Angaben von Dionysius Areopagita und den Erkenntnissen von Rudolf Steiner sowie den Einsichten, welche ich durch GABRIEL erhielt.

Die höchste Göttlichkeit ist die Trinität, die wir bei vielen Völkern finden: In Ägypten sind es Osiris, Isis und Horus, in Indien Brahma, Shiva, Vishnu und im Christentum Vater, Sohn (Logos) und Heiliger Geist (die Sophia).

Die göttliche Weltenschöpfung wurde von den Engelmächten mitgestaltet. Der Mensch enthält als Mikrokosmos alle Engelhierarchien in sich. So wie die einzelnen Engelhierarchien beim Weltenschaffen mitwirkten, wirken sie auch im Menschen.

So wie die Menschen eine gegenseitige Verständigung haben und durch diese Gegenseitigkeit ein soziales System begründen, gibt es im Kosmos eine Gegenseitigkeit der Planetensysteme.

Die heilige Zahl Drei spiegelt sich auch in den drei mal drei Chören der Engelhierarchien wider.

Großer Seraph

Die erste Hierarchie oder Triade der obersten drei Engelchöre

Die 1. Hierarchie (Seraphim, Cherubim, Throne) sind die Bauherren des Kosmos

Seraphim, Cherubim und Throne herrschen als Geister der Kraft im dritten Himmel.

Diese drei höchsten Engelgruppen können auch die „Bauherren" Gottes genannt werden, denn sie sind für die materielle Gestalt aller Schöpfungen auf der Erde wie im Kosmos zuständig.

1. Seraphim

Seraphim (Plural), Seraph (Singular), hebräisch saraph = Schlange, sechsflügliges Wesen, das in Jesaja (Kap. 6) Jahwe, den Gott des Alten Testamentes, umschwebt. Sie sind: Geister der (All-)Liebe, die Gott-Schauenden, die Brennenden, die Wärmenden, die flammende Begeisterung

Seraphim, Geister der (All)Liebe, halten mit ihrem Gesang die Schöpfung in harmonischer Energieschwingung

Den ersten, den innersten Kreis um die göttlich-geistige Sonnenenergie bilden die Seraphim. Diese rufen sich ununterbrochen in herrlichen Tönen der Liebe zu und singen den Lobpreis: „Kadesh, kadesh, kadesh – heilig, heilig, heilig ist der Gott der Herr Zebaoth, alle Lande sind seiner Ehre voll." Mit diesem Gesang erhalten sie die gesamte Schöpfung in harmonischer Energieschwingung. Sie sind reine Licht- und Gedankenwesen, die das Feuer der Liebe und göttlichen Begeisterung – auch in uns – zum Klingen bringen.

Dionysius schreibt, daß die Seraphim die göttlichen Wirklichkeiten in ewiger Bewegung und Liebesglut umgeben.

Aufgabe für den Menschen: Die Seraphim besitzen die Macht, andere Wesen der Schöpfung in Liebe entflammen zu lassen. Durch diese Begeisterung veranlagen die Seraphim in uns die Bereitschaft und den Willen zur Opferfähigkeit, ohne uns dabei unsere Freiheit zu nehmen.

Diese höchste Engelhierarchie wird mit sechs (bis zu zehn) Flügeln dargestellt. Wenn die Anzahl der Flügel als Stärke und Macht definiert wird, begegnen wir mit dieser Anzahl drei Flügelpaaren und somit der heiligen Zahl Drei. Diese zeigt ihre oberste Stellung in der hierarchischen Ordnung und ihre Beziehung zur Heiligen Dreifaltigkeit.

Kosmische Aufgabe: Die Seraphim nehmen von der Trinität die Ziele und höchsten Ideen für die Schaffung eines Weltensystems entgegen. Sie regeln die kosmischen Schwingungen der Planetensysteme und das Wirken zwischen den Fixsternen.

Wahrnehmung in der Natur: In den Naturkräften werden die Seraphim im Blitz und im Donner sichtbar.

Tierkreis: Im Tierkreis werden die Seraphim mit dem Zeichen der Zwillinge in Verbindung gebracht. Man könnte dieses Sternbild mit den Worten von Christus beschreiben: „Liebe Deinen Nächsten wie Dich selbst."

Inspiration: Es sind die Seraphim, die den MalerInnen die Intuition für ihre Kunstwerke zukommen lassen.

Die zwei obersten Engelhierarchien sind der göttlichen Sonne so nahe, daß sie gewissermaßen in ihre Sphäre gehören. Daher wird den Seraphim und Cherubim kein „eigener" Planet als Engelintelligenz zugeordnet.

2. Cherubim

Cherubin (Plural), Cherub (Singular), Geister der Harmonie,
Vollkommenheit der Erkenntnis, Ausströmen von Weisheit

Die Cherubim haben ein lichtvolles Bewußtsein, so daß ihre Gedanken unmittelbar Licht werden. Sie repräsentieren die strahlende Weisheit. Es ist kein Blitzen, das entsteht und wieder vergeht, sondern eine beständig leuchtende, weisheitsvolle Wolke.

Cherubim, Geister der Harmonie, besitzen die Gabe der Weisheit

Dionysius Areopagita schreibt über die Cherubim, daß ihr Name uns ihr Vermögen offenbart, die Gottheit zu erkennen und zu schauen. Sie haben die Eignung, höchste Erleuchtung zu empfangen und sich in die Erhabenheit des göttlichen Urgrundes zu bewegen. Die Cherubim besitzen die Fähigkeit, sich von der Gabe der Weisheit erfüllen zu lassen und diese den Wesenheiten der anderen Hierarchien zu übermitteln.

Die Cherubim werden, aus der orientalischen Tradition kommend, mit vier Flügeln und vier verschiedenen Gesichtern abgebildet: einem Stier-, Löwen-, Adler- und Menschen- bzw. Engelantlitz. In der persischen Religion gibt es sieben Einweihungsgrade. Der dritte Grad ist ein „Kämpfer" oder Stier und der vierte Grad ein Löwe. Diese Symbole wurden dann später auf die vier Evangelisten übertragen. Die vier verschiedenen Gesichter werden auch den vier Elementen zugeordnet, deren Kräfte und Eigenschaften zur Ausführung der göttlichen Schöpfungspläne erforderlich sind: Der Stier gehört zum Erdelement, der Löwe zum Feuerelement, der Adler zum Wasserelement und der Mensch bzw. Engel, der in der Astrologie zum Wassermann wird, gehört zum Luftelement.

Aufgabe für den Menschen: Die Cherubim schenken den Menschen Harmonie und Weisheit.

Kosmische Aufgabe: Als Geister der Harmonie ist es die Aufgabe der Cherubim, die göttlichen Pläne von den Seraphim zu empfangen und aufzubauen.

Das Wirken der Cherubim besteht aus dem Abstimmen der Bewegungsfelder der einzelnen Planeten aufeinander. Jedes Planetensystem mit einem Fixstern wird gewissermaßen durch die Cherubim geleitet.

Wahrnehmung in der Natur: In der mystischen Naturbetrachtung können wir in den dahinziehenden Wolken etwas von den Cherubim erahnen.

Tierkreis: Die Cherubim sind im Tierkreis mit dem Zeichen des Krebses verbunden. Dieses Bild stammt aus dem uralten Symbolbereich der großen Göttin. Es zeigt ineinander verschlungene Wirbel, zwei Prozesse oder Zyklen, die in einem harmonischen Verhältnis zueinander stehen. Sie entsprechen somit dem Sinnbild der Weltenweisheit. Diese Weisheit, in Jahrtausenden, in Jahrmillionen des Weltenwerdens gesammelt, strömt uns in der erhabenen Macht aus den Cherubim entgegen.

Solche Wirbel, wie in den Cherubim symbolisiert, entstehen überall im Großen und Kleinen der Entwicklungsgeschichte der Erde. Die Geburt, das Wirken und der Opfertod von Jesus Christus waren ein solcher Wirbel im Großen. Das Sterben und Wachsen der Pflanzen in der Natur kann mit ebensolchen Wirbeln im Kleinen verglichen werden.

Es waren die Cherubim, die den Tierkreis mit seinen Zeichen schufen. Es ist gewissermaßen der Reigen der Cherubim, die ihre Kraft als Leuchten hinaus in das Universum strahlen.

3. Throne

Geister des Willens, in Gnade Tragende

Throne, Geister des Willens, Träger des Göttlichen

Die Throne fühlen sich eins mit der Christus-Wesenheit. Sie sind wie ein den unendlichen Raum ausfüllendes Meer von flutendem Mut und flutender Energie.

Dem Namen entnehmen wir, daß diese Geister zur unmittelbaren Nähe des göttlichen Thrones gehören und so ganz unmittelbar die göttlichen Vollkommenheiten und Erkenntnisse empfangen.

Sie nehmen in ewiger Gelassenheit alles entgegen, was vom göttlichen Urgrund herabfließt. Sie sind schließlich die Träger des Göttlichen, stets offen und bereit, seine Gaben zu empfangen.

Die Throne werden in der berühmten Vision von Ezechiel (Altes Testament 1, 4-28) als feurige Räder beschrieben, die sich in alle Richtungen bewegen können und den Cherubim als vierrädrige Wagen dienen.

Aufgabe für den Menschen: Zu den Thronen gehören die Herzenskräfte des Mutes und damit verbunden die Opferbereitschaft, mit allen inneren Kräften den Höheren Willen in die Tat umzusetzen. Sie helfen einem Menschen, sein Schicksal bewußt anzunehmen und willensstark an seiner Entwicklung zu arbeiten.

Kosmische Aufgabe: Die Throne umgeben den himmlischen Thron und sorgen als Geister des Willens für eine erste Verwirklichung der göttlichen Pläne. Sie verfestigen ihre Wärmesubstanzen bis zu dem festen Element der Erde.

Ihre Aufgabe ist es, für die Bewegung der Planeten im Weltenraum zu sorgen. Sie geben den Planeten den Impuls, sich durch den unendlichen Raum zu bewegen.

Wahrnehmung in der Natur: Die Energien der Throne werden in Wasser, Luft und Materie durch Spiralen und strudelförmige Bewegungen sichtbar.

Die Throne arbeiten aber auch aus dem Erdinnern heraus. Ihre Kräfte werden von den ausgleichenden Dynamis (Geister der Bewegung) zur planetarischen Sphäre hin abgebremst, wodurch die Erdoberfläche konfiguriert wird.

Tierkreis: Im Tierkreis sind die Throne als Geister des Willens mit dem Löwen verbunden. Als Symbol der Sonnenkräfte ist der Löwe in den Zweistromkulturen das Begleittier der Großen Göttin und schmückt als Hüter der Schwelle ihre großen Heiligtümer. Der Löwe versinnbillicht in der Geschichte königliche Würde.

Metall: Das Blei als schweres Metall gehört zum Saturn. Es wirkt auf den Menschen verfestigend (das Gegenmittel ist das mondgleiche Silber).

Planet und Erzengel: Jeder Engelschor verkörpert die spirituelle Intelligenz eines bestimmten Planeten. Die Menschen vor unserer Zeitrechnung wußten noch, daß ein Planet nicht nur aus Materie besteht, sondern ein bestimmtes geistiges Prinzip verkörpert. In der Antike wurden den Planeten Gottheiten zugeordnet.

Die jeweiligen Engelhierarchien haben ihrer Wesensart und ihrem Aufgabengebiet entsprechend eine Zugehörigkeit zu bestimmten Planeten, deren geistige Aspekte sie repräsentieren.

Die Hierarchie der Throne gehört ebenso wie die Intelligenz des Erzengels Oriphiel zu dem Planeten Saturn.

„Wenn der Wirbelsturm das Unterste nach oben gekehrt hat, verschwindet er. Dann herrscht Chaos, und die Ordnung muß neu gefunden werden. Wenn der Mensch einen Wirbelsturm entfacht, muß er danach wieder alles neu ordnen, sonst gehorcht er nicht den Gesetzen des Universums. Wer aber diese Gesetze mißachtet, der stürzt in solche Tiefen, aus denen es nur schwer ein Emporkommen gibt."

Der Saturn bildet gewissermaßen die Grenze unseres Planetensystems. So wie die Chöre der Throne die oberste Grenze zu den Cherubim und Seraphim bilden. Wobei die Letztgenannten bereits so weit aufgestiegene Chöre sind, daß sie mit dem göttlichen Weltengrund eng verbunden sind.

Der Ring um den Saturn zeigt ein begrenzendes und stabilisierendes Prinzip an. Saturnenergie macht solide, verlangsamt aber auch und vertieft. Als eingrenzendes Prinzip kann es auch hemmend und verhärtend sein.

Inspiration In der Kunst sind die Throne für die Imagination der Poeten zuständig.

Die zweite Hierarchie oder Triade der mittleren Engelchöre

Kyriotetes, Dynam(e)is, Exusiai geben lebendige Gestalt und Form

Die drei mittleren Engelchöre der Kyriotetes, Dynamis und Exusiai herrschen im zweiten Himmel.

Diese drei mittleren Engelchöre der Himmelsgeister geben mit ihrer Weisheit aller irdischen Schöpfung die lebendige Gestalt und Form. Diese Formen fallen wieder zusammen, wenn sich diese Wesenheiten zurückziehen.

Das Kosmisch-Seelische der zweiten Hierarchie veranlagt zugleich im Menschen das Ätherische und schafft den Gefühlsorganismus.

4. Kyriotetes

Dominationes, Herrschaften, Weltenlenker,
Geister der Weisheit

Nach der Überzeugung von Dionysius offenbart sich in dem vielsagenden Name „Herrschaften" die unbeugsame und erhabene Kraft der Kyriotetes, die sich über jede niedere Neigung

Kyriotetes, Geister der Weisheit, Erfüller des göttlichen Planes

erheben. Niemals und auch nicht in der geringsten Weise lassen sich die Herrschaften zu wesensfremden, tyrannischen Wirklichkeiten herab. Sie treten in möglichst enge Gemeinschaft mit der ewigen Göttlichkeit.

Aufgabe für den Menschen: Sie wecken die Gottesfurcht und die Bereitschaft, jeden Menschen nach dem Bilde Gottes zu achten und zu lieben.

Kosmische Aufgabe: Die Kyriotetes sorgen als Weltenlenker und Geister der Weisheit für die richtige Anordnung der göttlichen Pläne im Kosmos.

Tierkreis: Die Kyriotetes sind als Geister der Weisheit im Tierkreis mit dem Sternzeichen der Jungfrau verbunden. Die Jungfrau ist auch das Bild der göttlichen Sophia, der Urweisheit. In der Jungfrau Maria nahm die Sophia irdische Gestalt an. Sie hat Christus, den höchsten Menschensohn, aufgenommen.

In jener Epoche, als die Sonne noch mit der Erde verbunden war, entwickelten die Kyriotetes für den zukünftigen Menschen als Opfersubstanz das Ätherische, das heißt die lebensspendende Kraft, um die bloße Körpermasse zu beleben.

Planet und Erzengel: Dem Chor der Kyriotetes sind Jupiterenergien zugeordnet, deren Intelligenz der Erzengel Zachariel vertritt. Zum Jupiter gehört das übergeordnete Denken in großen Zusammenhängen, und zwar weder sentimental noch intellektuell, sondern sozial und intuitiv. Dazu gesellen sich wahrhaft weisheitsvolles Denken, Weltanschauung, Religion, Recht, Gesetz und immer eine Tendenz zur Expansion.

5. Dynam(e)is

Virtutes, Mächte, Tugenden, Weltenkräfte,
Geister der Bewegung

Nach den Überlegungen von Dionysius zeigt der Name Mächte sehr gut an, daß diese heiligen Kräfte einen niemals wankenden Mut und Unerschrockenheit in jeglicher Unternehmung haben; einen Mut, der niemals müde wird, die vom göttlichen Urgrund gewährten Erleuchtungen zu empfangen.

Dynam(e)is, Geister der Bewegung

Aufgabe für den Menschen: Sie schenken die inspirierende Kraft, gegen Begierde und Mangel zu kämpfen.

Kosmische Aufgabe: Die Dynamis übernehmen als Geister der Bewegung die Ausführung der göttlichen Schöpfungsgedanken. Es ist gewissermaßen ihrer Arbeit zu verdanken, daß alle Planeten unseres Systems sich in ihren Bewegungen zueinander im Gleichgewicht halten.

Wahrnehmung in der Natur: Die Dynamis formen sich ihren Leib aus dem luftigen und gasigen Element. Ihre Entsprechung auf der Erde ist die chemische Beschaffenheit der Materie, die auf dem beweglichen Gleichgewicht aller Trennungs- und Verbindungsprozesse beruht.

Tierkreis: Der Chor der Dynamis ist mit dem Bereich der Waage im Tierkreis verbunden. Die Dynamis wirken mit ihren Kräften auf die Planeten und weiter auf die Erde, wodurch sie eine gesetzmäßige Bewegung der einzelnen Planeten herbeiführen, was Stetigkeit, Ausgleich und Gleichgewicht aller im Inneren des Sonnensystems wirkenden Kräfte bewirkt. Der lebendige Ausdruck des beweglichen Gleichgewichtes, das in unserem planetarischen Kosmos herrscht, wird von Pythagoras als Sphärenmusik beschrieben (vgl. Kapitel „Die Musik der Engel").

Metall: Das feurige, rote Eisen gehört zum Kriegsgott Mars.

Planet und Erzengel: Die Dynamis entsprechen den Marskräften sowie der Intelligenz des Erzengels Samael.

Marskräfte sind impulsiv im Tun und Handeln und scheuen in ihrer Aktivität keine Auseinandersetzung.

Inspiration in der Kunst: Die Harmonie und das Gleichgewichtsschaffen der Dynamis kommen in der Tanzkunst und dem damit verbundenen Gleichgewichtssinn künstlerisch zum Ausdruck.

6. Exusiai

(hebr. Elohim), Po*testates, Obrigkeiten, Gewalten, Offenbarer, Geister der Fo*rm

Dionysius schreibt: „Der Name der heiligen Gewalten offenbart uns die Ranggleichheit, die sie mit den göttlichen Herrschaften (vierte Hierarchie, Kyriotetes) und den Gewalten (dritte Hierarchie, Throne) verbindet. Die Exusiai heben sich und die ihnen Untergeordneten voller Güte zu den göttlichen Wirklichkeiten empor. Das schaffen sie durch ihre überaus harmonische Empfänglichkeit, mit der sie die göttlichen Gaben entgegennehmen und durch die überirdische Vernünftigkeit ihrer Macht, die ihre Stärke niemals tyrannisch mißbraucht und zum Bösen verkehrt. Sie streben danach, sich dem Urgrund der Herrschaft, ihrem Quell, anzugleichen und ihn soweit als möglich auf die Engel zu reflektieren."

Exusiai, Geister der Form, sorgen auch für unsere physische Wandlung

In der Bibel werden die Exusiai auch als Elohim bezeichnet.

Aufgabe für den Menschen: In ihrer großen kosmischen Alliebe schenken die Exusiai den Menschen etwas von ihrer eigenen Substanz für das menschliche Ich. Damit wird für jeden einzelnen Menschen die Grundlage einer selbständigen Entwicklung in Freiheit und Eigenverantwortung geschaffen.

Kosmische Aufgabe: Alles auf der Erde Bestehende erhält von den Exusiai die abgeschlossene Form. Sie sichern den Bestand des Ausgeführten, indem sie das aus dem Erdinnern heraufströmende Wirken der Throne und der in der Peripherie wirkenden Dynamis gleichsam „erhärten" und ausgestalten.

Wahrnehmung in der Natur: Die Exusiai können sich auf der Erde in einem Lichtkleid sichtbar machen.

Tierkreis: Die Exusiai stehen im Tierkreis in Verbindung mit der Sphäre des Skorpion-Adler.

In dem doppelten Sternzeichenbild Skorpion-Adler ist der Weg, den das Menschen-Ich gehen muß, abgebildet: Von dem am Boden kriechenden Skorpion, der das Sonnenlicht scheut und sich sogar selbst tötet, wenn er ihm nicht entweichen kann, bis hinauf zu dem Adler, der in sonnendurchlichteten Höhen dahinfliegt. Auch das egoistische Ich scheut das Licht und sucht die Dunkelheit. Das durchgeistigte Ich hingegen ist erleuchtet und sonnenhaft.

Metall: Das Gold gehört als edelstes aller Metalle zu den Sonnenkräften.

Planet und Erzengel: Wie der Erzengel Michael sind auch die Exusiai Sonnenkräfte. Michael überstrahlt mit seiner glanzvollen Stärke alle Erzengel und ist ihr Führer.

Die Geister der Form werden auch in die Zukunft hinein mit Sonnenkräften für unsere physische Wandlung sorgen. Die Sonne symbolisiert das Tor in die Zukunft. Denn in Zukunft soll das Sonnenprinzip in dem willensmäßigen Wesen des Menschen herrschen, als Ausdruck höchsten Gegenwartsdaseins. Sonnenkräfte wirken auf den Menschen vitalisierend und regenerierend.

Die dritte Hierarchie oder Triade der unteren drei Engelchöre

Die untersten drei Engelchöre der Archai, Erzengel und Engel sind die eigentlichen „Boten Gottes" zwischen der Gottheit und uns Menschen. Die Angolos sind als Begleiter der Seele mit uns Menschen eng verbunden. Diese drei Engelgruppen existieren im ersten Himmel, dessen Grenze von der Erde aus gesehen der Tierkreis ist: jener Zodiak, durch den ein Mensch bei seiner Zeugung und seiner Geburt an der für ihn passenden Stelle in die physische Welt eintritt.

Archai, Erzengel, Engel, sind als Begleiter der Seele eng mit uns verbunden

Die drei Engelchöre der dritten Hierarchie entfalten sich und agieren im Hintergrund der Gedankenwelt. Sie wirken vor allem auf der Ebene unseres Gedächtnisses. Daher sind diese Kräfte eng mit dem Menschen verbunden. Ihre Energieströmungen sind für unsere Empfindungen und Gedanken am ehesten zu erreichen. Während der Erdentstehung haben die Engel der untersten drei Chöre vor langer Zeit menschenähnliche Empfindungen durchlebt.

Daher sind sie uns von allen Engelhierarchien so nahe und haben für unsere Gedanken und Gefühle Verständnis. Ihre Engelsgeduld mit unserer Entwicklung basiert aber wohl eher auf ihrer Verbundenheit mit dem göttlichen und dem damit einhergehenden raum- und zeitlosen Zustand ihrer Daseinsform. Jeder der untersten drei Chöre hat eine andere Aufgabe zu bewältigen:

Die Archai sind für die gesamte Menschheit zuständig, die Erzengel für die einzelnen Völker und die Engel für den einzelnen Menschen.

7. Archai

Geister der Persönlichkeit oder der Zeit, Prinzipatus, Fürstentümer, Urbeginne, Urkräfte, „jom" („Tag", in der Genesis)
In der Hierarchienlehre von Dionysius entnehmen wir den Namen „Fürstentümer" und „Urkräfte", daß sie innerhalb der heiligen Hierarchie die Befehlsgewalt innehaben und die stärkste Affinität zur göttlichen Macht aufweisen. Sie passen sich, soweit es ihnen möglich ist, dem Allerhöchsten, dem Ursprung aller Macht und Herrschaft, an. Durch die weise Ausübung ihrer Verfügungsgewalt vertreten sie Gott als den ersten Fürsten und alldurchdringenden Verfüger der Ordnung.

Archai, Geister der Persönlichkeit, des bewußten Seins

Aufgabe für den Menschen: Die Archai tragen die Weltgedanken der Menschheitsentwicklung in sich. Beim Menschen ist das die Denkkraft. Die Denkkräfte des Menschen sind die geistigen Träger des Ich-Bewußtseins. Unser Denken läßt uns zu bewußten Lebewesen werden.

Kosmische Aufgabe: Die Archai verwalten die Weltgedanken, welche die himmlischen Intelligenzen des Kosmos verströmen.

Tierkreis: Die Archai werden mit dem Sternzeichen des Schützen assoziiert.

Archai verliehen einst dem Menschen mit ihren kosmischen Kräften die Fähigkeit, ein aufrechtstehendes Wesen zu werden. Der Bogen in der Hand des Schützen ist das Bild für die aufrechte Gestalt. In diesem ersten Aufrichten einer individuellen Persönlichkeit liegt das erste Aufblitzen eines Ich-Impulses.

Metall: Das Kupfer, aus dessen Draht die Menschen Verbindungen zueinander herstellen, gehört zur Venus.

Planet und Erzengel: Wie der Erzengel Anael sind die Archai dem Planeten Venus zugeordnet.

Venuskräfte wirken verbindend. Sie stehen mit allem Schönen und Liebenswerten (Kunst und Kultur) in Zusammenhang.

Inspiration in der Kunst: In der Kunst strömen die Wirkungskräfte der Archai in den Bereich der Plastik hinein.

8. Archangeloi

Archangeli, Erzengel, Feuergeister, Volksgeister, Mahadevas
Dionysius schreibt, daß der heilige Chor der Erzengel aufgrund seiner mittleren Stellung, die er zwischen den Archai und den Engeln einnimmt, beiden Chören wesensverwandt ist. Die Archangeloi empfangen die durch die hohen Mächte weitergeleiteten Erleuchtungen des göttlichen Urgrundes und geben sie den Engeln weiter.

Archangeloi, Erzengel, Volksgeister – Hüter der Kultur und Sprache

Aufgabe für den Menschen: Die Erzengel sind die Hüter der Kultur und des Sprachvermögens eines Volkes. Ein jedes Volk hat seinen individuellen Erzengel. Wenn ein Volk untergeht, zieht er sich zurück. Wenn ein neues Volk entsteht, entwickelt sich mit ihm ein neuer Erzengel. Der Erzengel wirkt aber auch in jedem einzelnen Menschen eines Volkes. Er regelt auch das Verhältnis der Einzelnen zur Gemeinschaft.

Wenn wir Menschen üben, tagsüber bewußt eine wahrhaftige und geistige Sprache zu pflegen, können wir nachts im Schlaf mit der Sphäre der Erzengel in Berührung kommen.

Kosmische Aufgabe: So wie die menschlichen Körper Substanzen aus Erde, Wasser, Luft und Feuer enthalten, bestanden die „Leiber" der Erzengel auf der „Alten Sonne" – einem vergangenen Planetenzustand – aus Feuer, Licht und Luft-Gas. Ihre physischen Leiber waren Rauchgestalten aus Luft-Gas, die sich aneinander reiben und so individuelle Grenzen wahrnehmen konnten. Das Feuer bewirkte ein Innenleben. Im Licht lebten sie nach außen, strömten sozusagen als leuchtende Kraft in die Welt hinaus.

Der planetarische Zustand der „Alten Sonne" bestand somit aus den Feuernebel- bzw. Lichtkörpern der Erzengel. Diese „Alte Sonne" leuchtete nicht unterbrochen wie unsere heutige Son-

43

ne. Der damalige Planetenzustand veränderte sich abwechselnd von einem lichthellen Dasein in Finsternis und so fort.

Wenn die Erzengel einatmeten, ihr strömendes Licht gewissermaßen einsogen, dann entstand eine Sonnenfinsternis und Windstille. Und wenn sie ausatmeten, dann strömte die Leuchtkraft ihres Lichtes hinaus, Wind kam auf und ein heller „Sonnentag" lebte auf.

Diese lichtvollen und feurigen Substanzen verdichteten sich immer mehr, bis der nächste planetarische Erdenzustand erreicht war.

Wahrnehmung in der Natur: Erzengel verkörpern sich auf der Erde im luftigen, feurigen Element. Ihre Entsprechung findet sich im Wind, in der Luft, im Atem und im Geist. Diese vier Bezeichnungen heißen auf althebräisch allesamt „Ruach".

Durch das Feuer, das Verbrennen von Dingen, entsteht Licht (auch im ätherisch-geistigen Bereich) und Rauch (Trübung und Finsternis). Licht ist unsichtbar, aber es wird durch die Materie (Gas und Flüssiges) sichtbar.

Hinter jedem flutenden Lichtstrahl, der uns trifft, verbergen sich Erzengel.

Tierkreis: Im Tierkreis ist die Region des Steinbocks mit den Erzengeln verbunden. Die dunkelste Jahreszeit steht in diesem Zeichen. Mitten in diese winterliche Dunkelheit fiel die Geburt des Gottessohnes Jesus Christus, die der Erzengel GABRIEL verkündete. Das Mittwinterfest am 25. Dezember war schon in vorchristlichen Kulturen ein Lichtfest, an dem die Sonnenwende begrüßt wurde. Die Geburt Christi als inkarnierter Logos, als sichtbar gewordene Lichtquelle, ist ganz bewußt auf diesen Tag „gelegt" worden.

Metall: Das Quecksilber als flink springendes und bewegliches Metall gehört zu diesem Prinzip.

Planet und Erzengel: Die Erzengel sind Intelligenzen des Merkur, wie zum Beispiel der Erzengel Raphael.

Inspiration in der Kunst: Der Mime gestaltet seine eigensinnigen Bewegungen mit Hilfe der Erzengelkräfte.

9. Angeloi

Angeli, Boten, Engel, Lunarpitris
Der Chor der Engel ist uns am nächsten.

Folglich trifft die Bezeichnung Engel (Angolos = Bote) auf sie in größerem Maße zu, als auf die vorhergehenden Geister. Der Chor der Engel befaßt sich mit dem am wenigsten Verborgenen, eben in größerem Maße mit den Dingen dieser Welt. Aus diesem Grund vertraut die göttliche Allwissenheit den Engeln die Menschen an.

Wir Menschen sollten auf den Engel zugehen, so wie wir auf andere Menschen zugehen.

Angeloi, Engel, Schutzengel, Begleiter der Seele von Inkarnation zu Inkarnation

Aufgabe für den Menschen: Engel sind die Mittler zwischen Gott und den Menschen: Die Engel haben die Aufgabe, für den Menschen von Inkarnation zu Inkarnation das Gedächtnis zu bewahren. Sie sind damit im besonderen die Hüter unseres Gedächtnisses. Der Zugang, das Tor zur Vergangenheit, wird durch die Kraft des Mondes repräsentiert. Die Bewahrer der Erinnerungen an unsere Herkunft sind die Engel.

Tierkreis: Das Tierkreiszeichen des Wassermanns entspricht in gewisser Weise dem vergeistigten Menschen und damit in einem bestimmten Maße dem Engel. Das Bild des Wassermanns zeigt einen Menschen, der in ruhiger Gleichmäßigkeit Wasser ausschüttet, das bedeutet, er läßt sein belebendes Wissen weiterfließen. Es wird zum Wasser des Lebens. Der Wassermann wird somit auch zum Abbild unseres Höheren Selbst, in dem unser Engel zu Hause ist.

Planet: Der Mondrhythmus ist eng mit dem menschlichen Lebensrhythmus verbunden (Fortpflanzungskräfte). Ab- und aufwallende Gefühle, unterbewußte Gefühlsströmungen, das Unbewußte überhaupt gehören zu Mond und Engeln.

Metall: Als Metall gehört das Silber zum Mond. Im Blutkreislauf des Menschen spiegelt sich die Metamorphose von Kohlenstoff zu Silber.

Planet und Erzengel: Die Erzengelkraft des Mondes repräsentiert der Erzengel GABRIEL. In dem folgenden Gedicht wird das Wesen des allmächtigen Gottes beschrieben:

Prœmion, beschreibt das Wesen Gottes

Prœmion
"Im Namen dessen, der sich selbst erschuf,
von Ewigkeit in schaffendem Beruf,
in seinem Namen, der den Glauben schafft,
Vertrauen, Liebe, Tätigkeit und Kraft,
in jenem Namen, der, so oft genannt,
dem Wesen nach blieb immer unbekannt:
Soweit das Ohr, soweit das Auge reicht,
du findest nur Bekanntes, das ihm gleicht,
und deines Geistes höchster Feuerflug
hat schon am Gleichnis, hat am Bild genug;
und wo du wandelst, schmückt sich Weg und Ort.
Du zählst nicht mehr, berechnest keine Zeit,
und jeder Schritt ist Unermeßlichkeit.

*

Was wär' ein Gott, der nur von außen stieße,
im Kreis das All am Finger laufen ließe!
Ihm ziemt's, die Welt von innen zu bewegen,
Natur in sich, sich in Natur zu hegen,
so daß, was in ihm lebt und webt und ist,
nie seine Kraft, nie seinen Geist vermißt.
Im Innern ist's ein Universum auch,
daher der Völker löblicher Gebrauch,
daß jeglicher das Beste, was er kennt,
er Gott, ja, seinen Gott benennt,
ihm Himmel und Erde übergibt,
ihn fürchtet und womöglich liebt.

JOHANN WOLFGANG VON GOETHE

Kleiner Seraph

Der Mensch als zehnter Chor in der Hierarchienlehre

Im Laufe der Evolution werden sich immer wieder neue Daseins-
zustände der Erde bilden, denn so wie in der Vergangenheit alles
in Bewegung, im Fluß war, wird es auch in Zukunft sein.

Alle Engelhierarchien handeln nicht eigenmächtig, sondern
immer nur im Plan Gottes. Zwar hat jede dieser Hierarchien irgendwann einmal auf ihre eigene Art und gemäß den Umstän-
den, die damals herrschten, menschenähnliche Zustände durch-
gemacht, aber ihr Entwicklungsziel war immer: rein im göttlichen
Auftrag zu handeln. Jegliche Eigenmächtigkeit führte sie unwei-
gerlich in die Gottferne.

Nun sieht der göttliche Weltenplan im Evolutionsprozeß die
Entwicklung einer Hierarchie vor, die in Freiheit selbst entscheiden kann: entweder das Gute oder das Böse zu wählen, um sich
freiwillig zu Gottes Ebenbild oder zu einer finsteren Macht zu
entwickeln. So ist es in der Weltenentwicklung geplant, daß
eines sehr fernen Tages die Geist-Mensch gewordenen Erdenbewohner, diejenigen, die versuchen, bewußt in Freiheit und
Liebe zu leben, den zehnten Chor nach den Engeln bilden. (Eine
Entwicklung, die bereits Hildegard von Bingen voraussah.)

Wie die Menschen entwickeln sich auch alle Engelhierarchi-
en auf ihre Art einem immer höheren geistigen Wesenszustand
entgegen. Dabei bleiben die unterschiedlichen Engelhierarchi-
en auf ihrem Entwicklungsweg stets göttliche Boten und werden nie eigenmächtig.

Wir arbeiten ebenso wie die Engel an unserer Deifikation, an
dem Ziel, zum Ebenbild Gottes zu werden.

Aber wie alle Engelhierarchien irgendwann in den unterschiedlichen Daseinsformen der Erde menschenähnliche Zustände durchmachten und jede bestimmte Prozesse in die Er-
den- und Menschheitsentwicklung einbrachte, so ist es die
Aufgabe des Menschen, die Freiheit und wahrhaftige Liebe in
diesen Evolutionsprozeß des Erdendaseins hineinzulegen.

Christus ist der Gott, dessen Impuls in Freiheit durch eigene
Erkenntnis und Einsicht befolgt werden kann.

Es gibt viele gute und wahrheitsvolle Religionslehren, welche
den Weg der Liebe lehren. Der entscheidende Unterschied zum
Christentum ist nicht die Lehre von Christus, sondern sein Erdentod und seine Auferstehung. Dadurch hat sich Gott mit uns
in besonderer Weise verbunden. Das Wesentliche am Christen-

**Der Mensch als
10. Hierarchie erhält
die Aufgabe, Freiheit
und wahrhaftige Liebe
zu leben**

tum ist nicht die gehorsame Befolgung der Lehren von Christus, sondern die Möglichkeit, daß ein jeder tiefe innere Erkenntnis in seinem Herzen wachsen lassen kann, um ein Gefühl für diese Botschaft der Freiheit, Wahrheit und Liebe zu entwickeln.

Das Gefühl drückt sich in den Worten aus: „CHRISTUS IN MIR."

Es gibt in der jüdischen Geheimlehre, der Kabbala, zehn Ebenen: die zehn Sephirot. Sie werden auch „das Antlitz Gottes" genannt, da sie alles göttliche Wissen symbolisch offenbaren. In der christlichen Engelslehre bilden die Menschen in ferner Zukunft die zehnte Hierarchie, und in der jüdischen Kabbala ist die Erde die zehnte Sephirot namens „Malchut".

Das Christentum steht noch am Anfang seiner „Ent-Wickelung"

Obwohl das Christentum schon 2000 Jahre alt ist, steht es noch am Anfang seiner „Ent-Wickelung".

Die Sonderaufgaben der Erzengel

Wenn große Aufgaben zum Wohle der Menschen geplant sind, inkarnieren sich hohe Engelwesen (Energien reinster Liebe) auf der Erde und führen diesen göttlichen Hilfsplan durch. Diese Engelmenschen wandeln gemeinsam mit den anderen Bewohnern der Erde und helfen einander. Das Menschwerden eines Engels bedeutet, daß eine sehr alte, hochentwickelte Menschenseele das Geistwesen eines Engels•aufnimmt und damit zum Träger der Engelenergie wird.

Um große Aufgaben zu erfüllen, inkarnieren bisweilen hohe Engelwesen und werden zu Engelmenschen

Erzengel als Volksgeister betreuen – wie schon ausgeführt – ganze Völker und weniger einzelne Menschen. Aber ein Volk besteht nun einmal aus vielen Individuen, und so helfen sie eben doch bei Bedarf jedem Einzelnen, der eine Aufgabe für das Volk tut.

Sieben der Erzengel begleiten die Entwicklung der Menschheit immer ein Zeitalter lang, das 354 Jahre dauert. Diese Zeitgeister und impulsierenden Führer der irdischen Kulturen herrschen immer in der gleichen Reihenfolge. Die Wirkungszeiten in der Vergangenheit und Gegenwart sind in der folgenden Aufstellung angegeben. Außerdem gehört zu jedem Planeten und den korrespondierenden Engeln eine bestimmte Farbe, die gewissermaßen ihr Wesen ausdrückt. Der bunte Farbenreigen des Regenbogens wird als Symbol dem Schöpfergott zugeordnet. Seine göttlichen Helfer, die Engelscharen, verkörpern gemäß ihrer Aufgabengebiete und Hierarchienkräfte bestimmte Einzelfarben.

Nach Rudolf Steiner wechseln sich folgende Erzengel alle 354 Jahre als Regenten ab:

48

Oriphiel	(Saturn – Grün)	von	245 v. Chr.	bis	109 n. Chr.
Anael	(Venus – Indigoblau)	von	109 n. Chr.	bis	463 n. Chr.
Zachariel	(Jupiter – Blau)	von	463 n. Chr.	bis	817 n. Chr.
Raphael	(Merkur – Gelb)	von	817 n. Chr.	bis	1171 n. Chr.
Samael	(Mars – Rot)	von	1171 n. Chr.	bis	1525 n. Chr.
Gabriel	(Mond – Violett)	von	1525 n. Chr.	bis	1879 n. Chr.
Michael	(Sonne – Gold)	von	1879 n. Chr.	bis	2233 n. Chr.

Namen und Aufgaben

Die Namen der Erzengel kommen aus der hebräischen Sprache, und die Endsilbe „-el" bedeutet „von Gott". Auf sumerisch
heißt „-el" soviel wie „leuchten", „hellsehen" oder „strahlen",
was auf die göttliche Lichturquelle hinweist.

Erzengel Gabriel, „Gavri-el" (hebräisch) heißt „Meine Macht ist
Gott" oder „Macht Gottes" oder „der Starke Gottes"; in Goethes
„Faust" wird er „Gottesverkünder" genannt.

Gabriel ist die Intelligenz des Mondes, dessen Kräfte die
Fruchtbarkeitsrhythmen auf der Erde verursachen.

Die Energien des Erzengels Gabriel sind eng mit dem Werden und Wachsen in der Natur verbunden. Der Frühjahrsbeginn
am 24. März ist der alte Festtag des Gabriel (am 25. März ist
Maria Verkündigung). Die ihm zugeordnete Himmelsrichtung ist
der Osten, dort, wo das Morgenrot beginnt.

Gabriel wurde von Gott als Paradieswächter eingesetzt und
„vertrieb" Adam und Eva aus dem Paradies, nachdem sie vom
Baum der Erkenntnis, auch dem Baum des „Gut und Böse"
genannt, gegessen hatten (Wer Erkenntnis besitzt, kann Gut und
Böse voneinander unterscheiden). Mit dieser Vertreibung begann die Evolution, das Leben, dessen Ankündiger und Hüter
ebenfalls der Erzengel Gabriel ist. Gabriel sorgt mit seinem
Handeln für die Entstehung von Leben! Nach der jüdischen
Tradition schwebt er als „Mann, Kraft Gottes" über den Paaren,
die sich vereinigen und ein Kind zeugen.

Gabriel ist auch der Verkündigungsengel besonderer Gebur-
ten. Er wird auf alten Gemälden oftmals mit einer weißen Lilie
in der Hand vor Maria dargestellt. Bis zum Mittelalter galt die Lilie
als Symbol für Geburt und Liebeslust. Erst später wurde sie zum
Symbol der Reinheit. Wenn man den nach oben geöffneten
Kelch einer Lilie anschaut, sieht er im Querschnitt aus wie ein
auf dem Kopf stehender Uterus. Diese weibliche Form der

**Gabriel, der Erzengel
der Verkündigung**

49

Fruchtbarkeit im Leibe einer Frau gleicht einer Gralsschale, die das von Gott geschenkte Leben aufnimmt.

Der Erzengel Gabriel herrscht in der Kabbala auf der Sephirot „Jesod", direkt über der Sephirot „Malchut", der Erde. Er ist mit den Aufgaben der Geburt, des Lebens, des Todes und der Auferstehung betraut.

Gabriel ist uns Menschen daher sehr nahe.

Die Kraft von Gabriel führte uns aus dem ersten Viertel des 16. Jahrhunderts bis in die zweite Hälfte des vergangenen Jahrhunderts – mitten in den Höhepunkt des Industriezeitalters hinein. In dieser Epoche lösten sich große Teile der Menschheit durch die revolutionären Entwicklungsprozesse von ihrer selbstverständlichen und unbewußten Gottverbundenheit. Diese Entwicklung konnte nur stattfinden, indem sich die Menschheit ganz tief in die Materie verstrickte. Jetzt aber gilt es, das menschliche Bewußtsein aus eigener Kraft und freiem Willen zu schulen und bewußt eine Verbindung zu Gott herzustellen. Dabei hilft die Kraft des Erzengels Michael, damit wir uns bewußt der lichten, geistigen Welt zuwenden können.

Gabriel über Gabriel

„Gabriel ist der Engel, der Botschaften bringt
zum Heile der Menschen.
Künder ist er von der Allmacht Gottes.
Sonniger Bote des Himmels auf der Erde."

Michael, Erzengel der Sonnenkräfte

Erzengel Michael, „Mikha-el" (hebräisch) heißt „Wer" oder „der ist wie Gott", man nennt ihn auch „der vor Gott steht", „das Antlitz Gottes", „Erzbote Gottes" oder „geistiger Held der Freiheit".

Der Erzengel Michael, dessen Name auch „der wägt wie Gott" bedeutet, wird oft mit einer Waage in der Hand abgebildet, in der er die Seelen der Verstorbenen samt ihren Taten abwägt.

Dieses Bild sagt: Wer sich bemüht, gottgefällig in Liebe zu leben und seine Gebote achtet, kann in den Himmel auferstehen. Wer zu schwer und zu sehr in die Materie verstrickt ist, fällt in die Hölle, das heißt, er muß erst geläutert, zu Reue und Einsicht gebracht werden.

Zu Beginn der Schöpfung wurden Licht und Finsternis geschieden. Dadurch entstand die Dualität von Gut und Böse. Dargestellt wird das im Sturz des Erzengels Luzifer, dem einstigen Lichtträger Gottes, und seiner Scharen. Luzifer brachte trotz

Gottes Verbot den Menschen Erkenntnislicht und strebte danach, Gott zu sein. Er wollte die göttliche Urlichtquelle nicht mehr als das Höchste anerkennen, sondern sich an ihre Stelle setzen. Der Erzengel Michael vertrieb Luzifer samt seinem Anhang aus dem lichterfüllten Himmel und stürzte ihn hinab in die ewige Finsternis. Dieser Kampf des Erzengels Michael mit dem Bösen wird mythenhaft als Michaels Kampf mit dem Drachen dargestellt. Die bösen Geistwesen des Luzifer nennen wir Dämonen.

In der ägyptischen Mythologie gibt es ein ähnliches Gedankengut, dort tötet Horus den Drachen Typhon.

Jeder einzelne von uns ist täglich aufs neue in das Ringen der treuen und der gefallenen Engelscharen einbezogen. Jeden Tag müssen wir uns erneut voller Willenskraft bemühen, nicht durch unsere Lauheit den Verführungen der Dämonen zu verfallen, sondern durch eine wahrheitsliebende Lebensführung die Empfindungen für den Engel in uns beleben.

Seit 1879 leben wir im Michaelszeitalter, das bis zum Jahr 2233 dauern wird. Für diese Periode der Weltenentwicklung tritt der Erzengel Michael in den Vordergrund. Michael ist Erzengel der Sonnenkräfte. Er verleiht ungewöhnlich starke, geistige Leucht- und Erkenntniskräfte. Michael, der Sonnenheld, führt die Seelen über die Schwelle zur geistigen Welt. Er ist somit auch der große Sterbebegleiter in der alten christlichen Tradition.

Michaels Wirken in der Menschenseele entspricht den inneren Kämpfen gegen die Verführungen der oberflächlichen Welt, in der sich die Dämonen verbergen. Deshalb gehört zu seinen Attributen auch das Schwert.

Mit dem Schwert wird getrennt, geschnitten und geschieden, eine eindeutige Entscheidung herbeigeführt.

Michael wird auch als Engelsfürst bezeichnet. Es heißt, daß er am Ende seines jetzigen Zeitalters eine Hierarchie höher steigen wird. Dann soll ein anderer Engel oder Erzengel seine Stellung einnehmen.

GABRIEL über Michael
„Michael trägt das Schwert der Wahrheit Höhen."

Erzengel Raphael, „Rafa-el" (hebräisch) bedeutet „Gott heilt" oder „Heiler Gottes".

Raphael, der Erzengel, der den Menschen hilft, „heil" zu werden

Ein Heilbringender, ein Heilender, ein himmlischer Arzt ist Raphael, der die Unversehrtheit und Ganzheit göttlicher Ordnung – auch im Körperlichen – wiederherstellt.

Er begleitet uns ein Stück des Weges, so wie er Tobias in der Erzählung der Bibel begleitete, bis dieser zu seinem Lebensglück gefunden hatte (Altes Testament, Buch Tobit). Raphael tröstet die gebrochenen Herzen und heilt Liebeskummer.

Raphaels Attribute sind die Phiole mit Balsam und seine schützenden Flügel, da er als „Urbild" des Schutzengels gilt.

In der Kabbala gehört Raphael zu der Sephirot „Hod", die für die Formgebung bis in die kleinste Strukturierung zuständig ist. Der menschliche Körper besteht aus Milliarden von Zellen, die in einer bestimmten Form geordnet und erhalten werden müssen. Raphael gilt auch hier als der große Heiler für der Menschenleib.

Gabriel über Raphael

„Raphael hat den Auftrag, den Menschen zu heilen.
Als Heiler wirkt er wie ein Arzt auf der Erde.
Doch seine Arbeit ist treffsicherer und genauer dosiert.
Er heilt nie grundlos, immer hat er die Wandlung des Menschen im Auge."

Kapitel 2

Glauben, Liebe, Engelkräfte

Glauben

Das griechische Alphabet beginnt mit dem Alpha und endet mit dem Omega.

Der Allmächtige sagt in diesem Bibelwort nichts anderes, als daß er das A–Z der Schöpfung ist. Der Anfang und das Ende liegen beide in seiner Hand. Es gibt nichts, was nicht von ihm geschaffen wurde und von ihm durchdrungen ist.

Wie schon erwähnt, gibt es eine Chronik des Himmels, die sogenannte Akasha-Chronik, in der alles Wissen des Himmels und der Erde enthalten ist. In diesem Buch des Lebens sind alle Gedanken, Gefühle und Taten der Vergangenheit, der Gegenwart und der Zukunft verzeichnet, denn es ist das Gedächtnis des Universums, der Plan des Logos. In der Apokalypse des Johannes wird es „das Buch mit den sieben Siegeln genannt". Hellsichtige Menschen haben Zugang zu diesem Universalwissen, ein jeder allerdings nach seiner Art und seiner Erleuchtung.

Es gibt keinen alten Mann im Himmel, den wir Gott nennen und der uns für unsere Taten lobt oder bestraft. In den himmlischen Welten ist alles eins und auch unser Ich ist ein Teil des Ganzen.

Wir müssen uns nur auf den Weg machen und den göttlichen Geist suchen. Wo? Überall, in uns und um uns herum. Er offenbart sich in der bescheidensten Blume genauso wie in dem Meisterwerk der Schöpfung: dem menschlichen Körper.

„ICH BIN
das Alpha und das Omega,
Weltenurbeginn und
Weltenweiheziel,
spricht GOTT der Herr,
der da ist,
der da war,
und der da kommt,
der Allmächtige."

Auch unser Ich ist Teil des Ganzen

GABRIEL gab mir eine Botschaft von der Schöpferkraft Gottes, der uns schuf und wie ein leiblicher Vater behütet
„Die Kraft des Allmächtigen ist für die Erdenbewohner unvorstellbar.
Der Allmächtige ist der Vater im Himmel, der alles geschaffen hat, den Himmel und die Erde. Der jeden Menschen durch seine Engel behütet. Der gute Werke zum Wohle der Weltenentwicklung macht.
Der im Geiste wie im festen Stoff wirkt.
ER ist in jedem Menschen verwurzelt und wartet nur darauf, gerufen zu werden.

53

Erzengel Raphael

„Warum lieben sich die Menschen so wenig? Oder merken sie nicht, daß sie anstelle von Liebe erdrücken, befehlen und fordern? Sie sollten erkennen und sorgsam verstehen und anderen freies Handeln zugestehen."

ER ist die Wahrheit und die Freiheit in der Seele eines Menschen.
ER führt und leitet die Menschen im Leben und im Himmel.
ER ist ein guter Helfer der Menschen, um ihr Schicksal zu bewältigen."

Ich bin in Europa geboren, einem christlich orientierten Kulturkreis, und wurde glücklicherweise frei von religiösen Dogmen als Christin erzogen. Also suchte und fand ich meine Verbindung zu Gott als Christin. Wäre ich in Asien geboren und buddhistisch erzogen worden, hätte ich Gott mit der Liebe dieser Religion gesucht.

Der Weg zum Allmächtigen ist einzig und allein die Liebe. Ihn kann man in allen Religionen, eingebettet in einer Gemeinschaft oder auch alleine, gehen.

Zum Glauben gehört viel Mut, denn er läßt sich nicht naturwissenschaftlich belegen. Genau diese Absicherung aber verlangen viele in der heutigen Zeit, weil sie sich selbst nicht trauen und keine Verantwortung für unsichtbare Dinge und oft auch nicht für sich selbst übernehmen wollen. Dinge, die man nicht anfassen und nicht sichtbar beweisen kann, verunsichern viele Menschen.

Der Weg zum Allmächtigen ist einzig und allein die Liebe

Wer in schwierigen Lebenssituationen dabei ist, den Glauben an die Allmacht zu verlieren, dem sollte das folgende Gedicht eines unbekannten Verfassers helfen:

Spuren im Sand

„Ich träumte eines Nachts,
ich ging am Meer entlang mit meinem Herrn,
und es entstand vor meinen Augen,
Streiflichtern gleich,
mein Leben.
Für jeden Abschnitt, wie mir schien,
entdeckte ich je zwei Paar Schritte im Sand:
die einen gehörten mir,
die anderen meinem Herrn.
Als dann das letzte Bild an uns vorbeigegangen war,
sah ich zurück und stellte fest,
daß viele Male nur ein Paar Schritte
im Sand zu sehen war.
Sie zeichneten die Phasen meines Lebens,
die mir am schwersten waren.
Das machte mich verwirrt,
und fragend wandte ich mich an den Herrn:
‚Als ich dir damals alles, was ich hatte,
übergab, um dir zu folgen,
da sagtest du,
du würdest immer bei mir sein.
Doch in den tiefsten Nöten meines Lebens
seh’ ich nur ein Paar Spuren hier im Sand.
Warum verließest du mich denn gerade dann,
als ich dich so verzweifelt brauchte?’
Der Herr nahm meine Hand und sagte:
‘Geliebtes Kind, nie ließ ich dich allein,
schon gar nicht in den Zeiten,
da du littest und angefochten warst.
Wo du nur ein Paar Spuren hier im Sand erkennst,
da trug ich dich auf meinen Schultern.‘“

Spuren im Sand, ein Gedicht, das in schweren Lebenssituationen zu helfen vermag

Wir müssen lernen, die Göttlichkeit in uns zu fühlen

„Gott anerkennen, wo und wie er sich offenbart, das ist eigentlich die Seligkeit auf Erden."
JOHANN WOLFGANG V. GOETHE

Himmel und Hölle sind Beschreibungen innerer Zustände, sie existieren in uns

Himmel und Hölle sind frei von Zeit und Raum. Beide liegen im „Jenseits" und doch mitten in uns, denn sie sind lediglich die Beschreibung geistiger Zustände, die Gefühle in uns bewirken können. Der Himmel und auch die Hölle sind stofflos und fern von allem Irdischen. Trotzdem existieren sie unsichtbar in und um uns herum. Denn wie schon gesagt, bereitet sich jeder Mensch durch seine Handlungen und Gedanken im Leben seine eigene, qualvolle Hölle und seinen eigenen heiter-sanften Himmel. In den Himmel kommt man schwer hinein und aus der Hölle nur schwer heraus.

Dabei handelt es sich um einen demateriellen, rein geistigen Zustand. Aber jeder hat wohl schon einmal am eigenen Leibe gespürt, wie sehr uns unsere Gedanken quälen können, ja welche erdrückenden und vernichtenden Kräfte allein aus schlechten Gedanken entspringen können. Aber sicher kennt auch jeder das beglückende und beschwingte Gefühl, das uns durchströmt, wenn wir unsere guten Gedanken in die Tat umsetzen beziehungsweise jemandem einen Liebesdienst erwiesen haben.

Es sind die Schwingungen unserer Gefühle, die von den Wesen der geistigen Welt empfunden werden. Wir können uns durch eine liebe- und wahrheitsvolle Lebensführung auch für ihre Schwingungen empfänglich machen. Deshalb spielt es auf der Erde eine so große Rolle, daß wir unsere Tugenden, und damit unsere Harmonie und Einfühlsamkeit, schulen, um uns mit der Liebessphäre der Allmacht zu verbinden. Willen und Bewußtsein können wir nur in einem irdischen Körper entwickeln, da er uns die Möglichkeit zum Handeln und Wandeln gibt. Hier erleben wir Widerstände, müssen Entscheidungen treffen, durch die jeder auf sich gestellt durch Schmerz und Leid Erfahrungen sammeln kann, um sich zu entwickeln.

Man sollte durch seine eigenen liebevollen Taten, durch das Einfühlen in andere Wesen und in die Wesenhaftigkeit der Natur in sich ein Gefühl für das Göttliche wachsen lassen. Nur wer sich bemüht, die Gefühle anderer zu verstehen, kann Liebe und Mitleid für sie empfinden. Um aber in ein anderes Wesen hineinzuschauen oder sich hineinzufühlen, ist nicht der intellektuelle Verstand, sondern das verstehende Gefühl notwendig. Wenn wir unsere Empfindungen schulen, wachsen wir über uns selbst hinaus. Wir beginnen die Göttlichkeit in uns zu fühlen, unser menschliches Dasein richtig zu verstehen und bewußt zu leben.

Wir sollten uns keine Vorstellungen von Gottes Aussehen machen, denn jegliche Vorstellung kann nur unvollkommenes Stückwerk sein.

In der hingebungsvollen Liebe zur Natur fühlen wir die göttliche Allmacht.

Durch die Schönheit der Blumen- und Pflanzenwelt durfte ich den Einstieg in den Glauben erlangen. Für den einen können es auch die Sterne, die herrliche Bergwelt, die wunderschöne Fauna unserer Erde oder gar der Mensch mit dem Wunderwerk seines Körpers selbst sein. Der Mensch ist die schönste und vollendetste Schöpfung Gottes, eine unnachahmliche Welt im Kleinen. Er ist die Krönung seiner Schöpfung, weil ein Mensch nach Gottes Ebenbilde mit einem freien Willen ausgestattet ist und nicht wie ein Tier unbewußt seinen Instinkten gehorchen muß. Der Mensch allein hat die Möglichkeit zu versuchen, bewußt den Weg der Liebe zu gehen und sich frei und zwanglos der göttlichen Welt zu nähern.

Die Möglichkeiten, in sich einen Zugang zum Glauben zu entfalten, sind so mannigfalltig wie die verschiedenen Bedürfnisse, Empfindungen und Interessen der Menschheit. Unsere Dankbarkeit ist der Beginn, das Göttliche in uns zu fühlen!

Wenn wir an unserem innersten Selbst denkend und fühlend modellieren und Schritt für Schritt die Bereitschaft in unserer Seele pflegen, mit den Liebesschwingungen dieser allgewaltigen Schöpferkraft zu leben, dann finden wir eine tiefe innere Seelenruhe und -zufriedenheit, die durch nichts und niemanden zu ersetzen ist. Wenn wir bereit sind, unsere Fehler zu ändern, dann stärken wir das Göttliche in uns und helfen mit, die Welt zum Guten zu wandeln.

Selbsterkenntnis ist eine religiöse Handlung, denn sie ist die Grundlage dafür, etwas in uns zu verändern.

Welche Geduld haben der allmächtige Gott und seine himmlischen Boten mit uns fehlerhaften Menschen! Verbinden wir uns mit diesen göttlichen Kräften und versuchen ebenfalls, Geduld für andere Menschen und uns selbst zu entwickeln. Das stetige Bemühen, Verständnis für das Andersartige zu entwickeln, bedeutet auch die Verbindung zu Gott zu pflegen.

Das Zusammenspiel allen Seins im Himmel und auf Erden ist eine grandiose Komposition. Wie oft vergessen wir, im Glückstaumel Gott Dank zu sagen, und wie schnell liegen uns im Unglück flehentliche Bitten an denselben Gott auf der Zunge.

Es gibt unendlich viele Wege, das Göttliche zu fühlen – Dankbarkeit ist er erste Schritt

Die Allmacht legt keinen Wert darauf, das Wort „Dankeschön" aus unserem Munde zu vernehmen, solange es nur ein Wort bleibt. Unser bester Dank ist eine Lebensführung in Liebe und Verständnis zu der gesamten Schöpfung.

Zufälle sind Berührungen des Engels

Der Lohn des Glaubens ist immer wieder eine freudige Überraschung. Wenn die Voraussagen meines Engels eintreffen, jubele ich jedes Mal, als käme ein alter Freund zur Türe hinein. Gewissermaßen berührt mich mein Engel mit jedem dieser „Zufälle".

Das wachsende Wissen um die geistigen Welten ist immer auch mit einer gesteigerten Erkenntnis der irdischen Welt verbunden, weil wir beginnen, hinter die Fassade der sichtbaren Dinge zu schauen. Dieser bessere Über- und Durchblick macht stark. Aber vergessen wir nie, unser errungenes Wissen zum Wohle anderer und für gute Taten einzusetzen!

Wer für seinen Entwicklungs- und Einweihungsweg einen Lehrer oder eine Lehrerin wählt, sollte darauf achten, daß sich nur der Mensch zur Führung eignet, der uns frei denkend, fühlend und handelnd den Weg zum Wohle der gesamten Schöpfung zeigt. Der uns nie festhält und jederzeit bereit ist, uns zu verlieren. Der nichts verlangt und alles gibt. Der uns anregt, unser Höheres Selbst suchend zum Leben zu erwecken. Ein Mensch, der uns nicht an sich bindet, sondern seine Freude an unserer Freiheit hat und uns an die Schwelle führt, ab der wir selbst erkennend werden und unsere eigenen Erfahrungen machen können.

AVE EVA

Der Name Eva ist in den Namen Jehova oder Jahve enthalten, dem Gott des Alten Testaments. Das deutet darauf hin, daß die Kräfte der Erdenmutter Eva im Erdenvater und Erdenherrn Jahve enthalten sind. Alles gehört letztendlich zusammen und ist eins.

In AVE EVA verbinden sich die Kräfte der Erdenmutter mit dem Erdenvater

Eva („das Leben") heißt von rechts nach links gelesen Ave. Ave bedeutet „sei gegrüßt, heil und lebe Wohl".

„Sei gegrüßt" ist ein Segenswunsch zu Beginn einer Begegnung, zum Beispiel auch bei einer Geburt.

„Heil" wünscht man einem Menschen jeden Tag für die Dauer seines ganzen Lebens, und „lebe Wohl" sind die Worte des Abschiednehmens, letztendlich auch bei einem Sterbenden.

So beinhalten die drei Buchstaben Ave/Eva versteckt die Segenswünsche für ein ganzes Menschenleben auf dieser Erde.

Gebete und das Vaterunser

Das Gebet ist für mich der Versuch von uns Menschen, die göttliche Allmacht zu erreichen. Wir wollen mit bewußten Worten, in gezielten Gedanken und mit unseren ehrfürchtigen Gefühlen eine Verbindung zu Gott herstellen.

Für mein Empfinden ist das Gebet eine wichtige Seelenpflege, daher bemühe ich mich darum, regelmäßig bewußt zu beten. So wie ein Mensch, der seine tägliche Körperpflege vernachlässigt, zu riechen beginnt, hat eine ungepflegte Seele schlechte Ausstrahlungen. Ein Gebet kann laut oder still, in Form eines bekannten Spruches oder in freier Wortwahl gesagt oder gedacht werden. Wenn wir konzentriert an das denken, was wir beten, erreicht es auch die geistigen Mächte. Allerdings ist es für unsere Konzentration leichter, das Gebet laut zu sprechen.

Ein Gebet zu sprechen, bedeutet unsere Seele zu pflegen

Wenn wir uns, für eine Änderung bestimmter Lebensumstände bittend, an Gott wenden, sollte jede Bitte, bevor wir sie äußern, wohl auf die Wirkung hin durchdacht werden, die ihre Erfüllung mit sich bringen könnte. Es zeugt von einer Mißachtung der geistigen Welt, wenn wir flatterhaft, schwankend und unüberlegt die Hilfe geistiger Kräfte erbitten. Man sollte nicht ein ums andere Mal das Gegenteil erbitten. Schließlich setzen unsere erhörten Bitten Energien in Bewegung, die in irgendeiner Form unsere Wünsche erfüllen oder uns auf jeden Fall das zukommen lassen, was wir benötigen. Ein Gebet sollte immer mit den Worten schließen:

Unsere Bitten setzen immer Energie in Bewegung

Herr, Dein Wille geschehe!
Danke.
So sei es und/oder Amen.

Der Allmächtige hat den Überblick über alles Welten- und Schicksalsgeschehen. Er weiß, was für uns gut ist, deshalb geschehe sein Wille! Wer das verstanden hat, bittet nicht mehr um ständige Zufriedenheit, sondern um Überwindung seiner Trägheit, um Kraft, Einsicht und Geduld, damit er seine Empfindungen wandeln kann.

Das innig empfundene Wort „danke" ist wichtig, um der Allmacht für ihre Güte zu danken. Wir wissen ja, daß sie uns auf jeden Fall das zukommen läßt, was wir brauchen. Dabei sollten wir nie vergessen, daß wir uns die Geschehnisse vor unserer Geburt, als wir noch einsichtig waren, selbst mit für unsere Entwicklung gewählt haben.

Auch wenn unser sehnlichster Wunsch nicht erfüllt wird, wissen wir, daß dieser Verzicht nur zu unserem Besten geschieht. Das ist ebenfalls ein guter Grund, sich zu bedanken. Ein wirklich guter Vater und eine wirklich gute Mutter erfüllen ihren Kindern nicht alle Wünsche, sondern nur diejenigen, von denen sie wissen, daß sie ihnen wohl bekommen.

Die Worte „so sei es" bekräftigen noch einmal, daß wir um die überblickenden Entscheidungen der göttlichen Allmacht wissen und sie annehmen. Das Wort „Amen" ist hebräisch und heißt „wahrlich, es geschehe".

Zwiegespräch mit GABRIEL zu dem Thema Gebet:

GABRIEL:„Du hast Gebetsvollmacht. Alles, worum Du betest, geschieht."
Ich:„Das kann doch gar nicht sein, denn immer geschieht Gottes Wille. Da kann ich doch so viel beten, wie ich will. Wenn die Sachen, für die ich bete, nicht in dem göttlichen Weltenplan vorkommen, dann können sie doch auch nicht eintreten. Also kann ich mir im Grunde die Bittgebete sparen."
GABRIEL:„Wenn Du betest, geschieht es doppelt, denn Deine Gebete sind geheiligt und rein. Wenn Du betest, ist der heilige Geist in Dir, und Du bist Teil des Ganzen."
Ich:„Aber wenn alles, was geschieht oder nicht geschehen darf, bereits geplant ist, dann brauche ich doch nicht zu beten, denn dann tritt es doch auch ohne meine Gebete ein oder nicht ein.
Was meinst Du mit:'Es geschieht doppelt'?"

Unser Gebet holt die göttlichen Pläne in die Zeit

GABRIEL:„Es ist geplant. Doch in der Durchführung wird es gebremst, gehindert oder gefördert. Der Plan wird erfüllt, doch außer der Zeit. Du holst ihn mit Deinem Gebet in die Zeit.
Der Plan ist da. Der (göttliche) Gedanke ist geboren. Du holst den Gedanken mit Deinem Gebet in die Welt und läßt ihn Form annehmen."
Ich:„Kann jeder Mensch mit seinem Gebet etwas auslösen?"
GABRIEL:„Bei einem schwachen Menschen ist die Gebetskraft schwach.
Bei einen starken Menschen ist die Gebetskraft stark,
und bei Dir ist sie auslösend."
Ich:„Hat das Gebet schwacher Menschen überhaupt eine Wirkung?"
GABRIEL:„Wenn Schwache beten ist es immer noch besser als nichts."

Die Wirkung von Gebeten

Meistens kann ich es einrichten, drei Mal täglich zu beten. Stets beginne ich mein Gebet mit dem Vaterunser. Dann rufe ich den himmlischen Vater, Christus, die Weltenmutter Maria, „meinen" Erzengel GABRIEL und „meinen" Heiligen Antonius an. Alle diese

60

Geisteskräfte bitte ich in genauen Ausführungen um Hilfe und Schutz für Bekannte, Freunde, meine Familie und mich selbst. Dringende Anliegen spreche ich in jedem Bittgebet drei Mal hintereinander laut aus. So werden die Bitten für Herzensangelegenheiten drei Mal täglich drei Mal wiederholt, bis sie erledigt sind. Dann danke ich dem Himmel noch einige Male für die Lösung und füge eine andere Bitte in meine Gebete ein. Meistens dauert die Erfüllung für unsere irdischen Zeitverhältnisse viel zu lange. Doch rückblickend stelle ich immer wieder fest, daß die Wartezeit nötig war, um uns oder unserer Umgebung die Möglichkeit zu einer bestimmten Entwicklung und Reife zu geben.

Beten holt unsere Energien aus dem bunten Treiben der Welt zurück und konzentriert sie auf unser innerstes Empfinden, auf wegweisende Visionen

Die Geschäftigkeit unseres Alltags läßt uns oft nur an weltliche Probleme denken. Immer mehr Wünsche entstehen und wollen befriedigt werden. Dabei vergessen wir völlig, unsere Seele zu pflegen, und wundern uns eines Tages über unser Unwohlsein, das sich trotz aller erlangten Güter, materieller Erfolge und gesellschaftlicher Stellungen einstellt. Eine innere Leere tritt ein und verlangt schreiend nach weiteren Gütern, Erfolgen und mehr ablenkender Unterhaltung. Diese Leere kann nie mit materiellen Dingen von außen befriedigt werden, sondern nur durch innere, seelisch-geistige Werte Erfüllung finden.

Das regelmäßige Beten stärkt unseren Willen und gibt uns Kraft.

Versuchen wir, den Tag morgens mit einem Gebet zu beginnen und abends mit einer seelenpflegenden, bewußten Andacht zu beschließen. Außerdem sollten wir für Kraft und eine heilsame Entwicklung unserer Freunde bitten, die wir vor unserem inneren Auge erscheinen lassen. Dann entwickeln wir mit der Zeit in unserem Gemüt eine zarte Stimmung für eine Macht, die ungreifbar und doch sehr nah bei uns ist. Wir bereiten unser Innerstes für eine glückselige Stimmung der Zufriedenheit vor.

Der Himmel schützt die Menschen, die auf dem Weg der Liebe wandeln!

Denn ihr Glaube, alles Geschehen als Lernmöglichkeit zu begreifen, läßt sie in einsichtsvoller Art und Weise Schicksalsschläge annehmen und versuchen, bewußt an sich zu arbeiten. Diese Einstellung hilft ihnen, die Schwierigkeiten des Lebens besser zu ertragen und durch jeden Schmerz wissender und gestärkter zu werden.

Der geistigen Welt bleibt nichts verborgen. Sie durchschaut ihre Schöpfung und sieht, ob ein Mensch tatsächlich versucht, mit gutem Willen den geistigen Weg zu gehen, oder ob er nur ein scheinheiliger Lügner ist.

Gebete haben große Kraft, sie stärken und schützen die Seele

Wer auf Grund eines traurigen Schicksalsschlages hadert, der sollte besser für Kraft und Einsicht beten, damit ein Gefühl warmen, liebevollen Vertrauens sein Gemüt wieder stärkend erfüllen kann. Natürlich erleben die Menschen auf dem Weg der Liebe auch schmerzliche Erfahrungen, aber Kraft ihres Glaubens stärkt sie der Himmel, und mit dieser Kraft gelingt es, das Leid leichter zu ertragen und zu verarbeiten.

Das Beten ist ein Schutz des Menschen gegen die eigenen oder auch fremde böse Gedanken. Denn der betende Mensch ist für die Dauer seines tiefempfundenen Gebetes voll guter, liebevoller Gedanken und Gefühle, deren Kraft seine Seele stärkt und ihn mit einem Schutzschild umgibt.

Außerdem hilft ein liebevolles, ernsthaftes Gebet dem Menschen, einsichtiger zu werden, echte, tiefempfundene Geduld zu erlangen und in einem ruhigen Verständnis für andere Menschen zu leben.

Ein Gebet für andere hilft nicht nur dem Bedachten, sondern stärkt auch den Betenden, denn die liebevolle Bitte für einen anderen hat heilende Kräfte. Aber natürlich nur dann, wenn wirklich uneigennützig gebetet wird und der Mensch nicht scheinbar in fürsorglicher Absicht handelt, um auf geistiger oder weltlicher Ebene etwas für sich zu gewinnen.

Alle guten geistigen Mächte stehen dem Menschen guten Mutes hilfreich zur Seite. Oft ist ein kleiner, zaghafter Versuch zu beten ein Anfang für einen noch zweifelnden Menschen. Doch wenn der Beginn liebevoll durchgehalten wird, spürt der Betende plötzlich eine Änderung in seiner Seele, die ihm Kraft zu neuen Taten gibt.

Ein Gebet kann viele Formen haben. Am bekanntesten ist wohl das Vaterunser, aber auch viele Schutzgebete behüten den in Not geratenen Menschen, so daß er die aus den Worten strömende Kraft fühlen kann.

Wenn ein Mensch das Gefühl hat, daß er eine schwere Lebenslage nicht mehr ertragen kann, dann sollte so oft wie nötig eines der folgenden Schutzgebete gesprochen werden. Dadurch wird die unerträglich schwer gewordene Seelenbelastung dem Allmächtigen abgegeben, und es können in Ruhe klare Gedanken gefaßt werden, um mit der Hilfe des Engels das Leben erneut zu meistern.

„Gott, gib uns die Kraft, Deine Prüfungen zu tragen"

„Lieber Gott", sage ich manchmal, „wenn Du mir die Prüfungen gibst, dann schenke mir bitte auch genügend Kraft, damit ich sie tragen kann!"

Schutzgebete

GABRIEL gab mir die folgenden zwölf kurzen Schutzgebete mit der Erklärung

„Der Mensch ist durch göttliche Worte geschützt. So höre der Macht der himmlischen Worte gut zu und schließe sie in Dein Herz:
Vater, lasse Deine Kraft über und in mir walten,
daß ein gutes Werk durch mich entstehen kann.
Vater, es wird zu schwer für mich, trage Du es.
Vater, der Weg wird zu schwer, führe mich ein Stück.
Vater, sei mein guter Führer und schütze meine Taten.
Vater, liebe Du für mich, es ist zu schwer für mich.
Vater, rette die Seelen der Menschen, die mir Böses tun.
Vater, hüte meinen Glauben der Liebe, der mich heute so sehr verläßt.
Vater, lasse Deine Liebe erstrahlen zu meinem Heil.
Vater, gehe Du für mich ein Stück des Weges, es wird zu schwer.
Vater, hilf mir, daß gute Kräfte meine Gedanken stärken.
Vater, schütze mich vor dem Bösen und behüte meine Seele.
Vater, führe meine Seele zum Licht und lasse mich erkennen, was zu tun ist."

Es ist auffallend, daß keine dieser kurzen Gebetszeilen das Wort „bitte" enthält. Deshalb dürfen wir Gott natürlich trotzdem um etwas bitten, aber wir sind für die Allmacht keine niederen, bettelnden, bittenden oder untergebenen Wesen, sondern freie Geister, die so geliebt werden, wie sie sind. Aufgrund der Liebe, die in den geistigen Welten herrscht, haben wir jederzeit das Recht auf Hilfe. In jedem Satz wird der Schöpfergott, die Symbolgestalt des uns behütenden himmlischen Vaters, damit betraut, eine bestimmte momentane Schwäche in unserem Handeln, Fühlen und Denken vorübergehend für uns zu übernehmen. Wer diese Schutzgebete vertrauensvoll ausspricht und unerschütterlich an ihren Inhalt glaubt, spürt sofort die stärkende Wirkung in seiner Empfindungsseele und kann sich wieder gekräftigt den Alltagsaufgaben zuwenden.

Beten gibt Schutz und kann auch manifestierend wirken

Das Vaterunser

Das Vaterunser wird seit fast zweitausend Jahren von allen religiösen Gruppen der Christenheit nahezu unverändert gebetet. Die ursprüngliche Form endete mit den Worten: „sondern erlöse uns von dem Bösen". Es war Martin Luther, der die Schlußworte „denn Dein ist das Reich, die Kraft und die Herrlichkeit" von einem anderen alten christlichen Gebet hinzufügte.

Für mich bedeutet das langsame, laute und bewußte Sprechen des Vaterunsers, verbunden mit einer visuellen Vorstellung aller Gebetszeilen, eine ganz innige Verbindung zur geistigen Welt. Es ist ein von mir selbst gewählter Versuch, eins zu werden mit der Allmacht.

Das Vaterunser ist als solches kein Mantra, das aus sich heraus einen spirituellen Schutz auf den Betenden ausübt. Aber es ist ein Gedankenmantra. Das bedeutet, die Wirkung des Vaterunsers ist da, sie liegt allerdings in den Gedanken des Betenden selbst.

Das Vaterunser ist ein Gedankenmantra

Für die Dauer meines Gebetes vergesse ich die Umgebung. Ich konzentriere mich nur auf den Inhalt meiner gesprochenen Worte. Dabei stelle ich mir jede Aussage bildlich vor, indem ich wechselnde oder gleichbleibende Bilder aus meinem Leben vor meinem geistigen Auge entstehen lasse. Für mein tägliches Morgen- und Abendgebet wähle ich meistens einen ruhigen Raum, setze mich bequem hin und beginne zu beten. Es ist wichtig, den Kopf dabei senkrecht zu halten, damit das Gehirn in Wach- und nicht in Schlafstellung in der Hirnschale liegt. An manchen Tagen finde ich diesen ungestörten Platz allerdings nur in meinem Auto oder auf meinem Pferd. Dann bete ich am Straßenrand, auf freiem Feld oder im Wald. Wir sollten im Leben immer wandlungsfähig bleiben und uns davor bewahren, an Gewohnheiten festzuhalten. Manchmal wiederhole ich eine Gebetszeile so lange, bis ein dazu passendes Bild vor meinem inneren Auge entsteht und ich das Gesagte mit meinen Gefühlen empfinden kann. Das Gebet gibt mir, in dieser Art und Weise gesprochen, gesehen und gefühlt, innere Ruhe und Kraft.

Wenn es mir früher durch räumliche Einengungen oder mangels eigener Disziplin nicht möglich war, regelmäßig zu beten, kam es vor, daß ich spürbar an innerer Liebeskraft verlor. Es fiel mir dann manchmal schwer, wieder in den täglichen Rhythmus meiner Gebete zurückzufinden.

Ich denke, daß jeder Mensch selbst herausfinden sollte, wie oft er am Tage beten möchte, um sein bestmögliches seelisch-geistiges Gleichgewicht zu erhalten. In Zeiten, in denen es mir gelingt, regelmäßig bewußt zu beten, bin ich stark, innerlich ausgeglichen und kann mit Schicksalsschlägen leichter umgehen.

„Vater unser"
Mit diesen zwei Worten entwickelt sich in mir ein Gefühl der Wärme und der Dankbarkeit für die uns führende und schützende Allkraft, die in mir und um mich herum wirkt. Bildlich lasse

ich die Strahlen eines dankenden Glücksgefühls von meinem Körper hinaus in die Unendlichkeit des Universums strömen. Dabei empfinde ich eine zarte Berührung auf meinem Kopf, meinem Nacken und zwischen meinen Schulterblättern. Diese Empfindung bewirkt das Wort VATER, das die Schöpfungskraft benennt. Es läßt mich meine himmlische Abstammung fühlen und vereint mich mit der ALLMACHT.

Durch das „unser" bin ich nicht nur mit dem Himmel, sondern mit allen Menschen, Tieren, Pflanzen, Mineralien und Sternen, mit dem ganzen weiten sichtbaren und unsichtbaren Kosmos verbunden. Mit den zwei Worten „Vater unser" spreche ich nicht nur für mich selbst die ALLMACHT an, sondern auch für alle und alles andere. Der VATER ist UNSER aller Vater, und deshalb gehören wir alle zusammen. Alles ist eins.

Diese Anrede dämpft den Gram, die Wut und den Ärger über uns böse gesinnte Menschen, denn unser Vater ist auch ihr Vater. Wir beten auch für unsere Feinde zu ihm, indem wir „Vater unser" sagen. Wir bitten mit jedem Gebet um Frieden, Brot und Vergebung für unsere Freunde und Feinde, einfach für alle.

„Der Du bist in den Himmeln"

Beim Sprechen dieser Worte schaue ich gerne hinauf in die Wolken. Ich fühle die Unendlichkeit des Himmelszeltes mit dem fließenden, ständig wechselnden Licht- und Farbenspiel und den hör- und fühlbaren Bewegungen des Windes. Sie vermitteln mir das Gefühl der Ewigkeit und der Erhabenheit der Allmacht. Für diese ist alles in mannigfaltigen Arten und Formen möglich.

Die geistige Welt ist keineswegs nur oben in den Wolken, sondern auch mitten in uns, einfach überall. Die englische Sprache hat sehr ausdrucksvoll zwei Begriffe für den Himmel: „sky" für den weltlichen und „heaven" für den geistigen Himmel. Täglich geht die Sonne am Morgen auf und am Abend unter. Manchmal bleibt sie unseren Augen zwar verborgen, aber sie ist dennoch da. Ebenso ist es mit den geistigen Dingen. Sie sind zwar da, aber unseren Augen verborgen, bis wir gelernt haben, die „Wolkenschicht" zu durchschauen. Alle Planeten laufen beständig auf ihrer Bahn um die Sonne herum, bis in unendliche Zeiten hinein. Das Wissen um diese Beständigkeit der Himmelskörper gibt mir Kraft. Ihr Gleichmaß, die universelle Harmonie, vermittelt mir ein Gefühl der Geborgenheit in diesem Universum.

Die geistige Welt ist mitten in uns und doch überall

„Vater unser; der DU bist in den Himmeln, DEIN Gedanke hält diese Himmel- und die Erdenwelt zusammen. DEIN Geist steht hinter allem und ist alles. Das Leben kommt aus den Himmeln – aus der geistigen Welt – und kehrt wieder dahin zurück, um dann erneut irdisch zu werden. Oben und unten, überall herrschst DU, VATER UNSER, der DU bist in den Himmeln."

„Geheiligt werde Dein Name"

Diese Worte gebieten schweigende Andacht, ein In-sich-kehren. Verehrend heiligen wir den Namen, den wir der allmächtigen Kraft geben. Dankbarkeit durchströmt mich für das „Behütet-werden". Stumm und ehrfürchtig fühle ich die göttliche Allwissenheit und Größe. Es steht nicht da: geheiligt werde der Name „Gott" oder ein anderer festgelegter Begriff, sondern ganz schlicht und freibleibend: „DEIN Name". So ist es frei von jedem Dogma, jedem selbst überlassen, welchen Namen er der Kraft jenes „All-Einen" gibt.

„Dein Reich komme"

Ein Gefühl der Wärme breitet sich in meinem Körper aus, wenn ich mir vorstelle, in Frieden und Harmonie mit allen Menschen auf Erden zusammenleben zu können. Bei diesen Gedanken lasse ich gleißendes Sonnenlicht meinen Körper durchfluten.

„Dein Wille geschehe"

Bei diesen Worten öffne ich mich stumm wie eine Schale dem geistigen Kraftstrom. Ich versuche aufzufangen, was mir von „oben" zufließt, und ohne Murren die Lasten des Alltags und damit mein Schicksal anzunehmen und zu tragen.

„DEIN Wille geschehe" könnte ebensogut heißen „unser Wille geschehe".

Allerdings „unser Wille", den wir vor unserem jetzigen Leben in dem Zustand zwischen Tod und Geburt hatten. Gott hat im Gegensatz zu uns nicht vergessen, was wir uns für dieses Erdenleben vorgenommen haben.

Wir haben bei unserer Geburt auf der Erde – durch das Verlassen der himmlischen Sphären und unseren Eintritt in die irdische Welt – kein Bewußtsein mehr für diese karmische Aufgabe. Das muß so sein, sonst hätten wir nicht die Möglichkeit, uns in Freiheit zu entwickeln.

Wenn wir sagen „DEIN Wille geschehe", nehmen wir die Schwierigkeiten des Lebens an. Wir unterlassen damit ein kräfteraubendes Wehren und Lamentieren, überwinden uns selbst, indem wir an dem Leid, dem Schmerz und der Pein wachsen, reifen und erstarken. „DEIN Wille geschehe" heißt „ja" zum Leben zu sagen.

„Dein Wille geschehe" heißt, „ja" zum Leben sagen

„Wie in den Himmeln"

Der Allmächtige Schöpfergeist und Gott ist im Dies- und Jenseits zu Hause.

Hier wirken die Engel und die Geisteskräfte. Sie erfüllen je nach Hierarchie ihre zugeordneten Aufgaben, auch wenn wir es momentan nicht so klar sehen können wie den Baum in unserem Garten und nicht so deutlich fühlen können wie die rauhe Rinde des Stammes. Wenn wir nach dem Tode in den geistigen Welten weilen, dann entzieht sich die Erde unserer irdischen Wahrnehmungskraft. Wir schauen alles mit „himmlischen Blicken" und sehen mit unserem rein geistigen, körperlosen Sein die irdischen Dinge nur noch empfindungsmäßig, wie alle Geistwesen es tun. Gott überblickt alle Daseinsformen. Daher bitten wir weiter:

„Also auch auf Erden"

Denn so, wie der VATER die Erde geschaffen hat, so sei es! Oben wie unten – unten wie oben. Unsere Körper sind aus demselben Material geschaffen wie die Erde. Wasserströme erwecken die Erdkruste zum Leben, und Ströme von wässriger Lymphe und flüssigen Blutes beleben unseren Körper. Das Blut bildet das Herz.

Der Mond bestimmt die Fruchtbarkeit der Erde und der Frauen. Die Sonne erweckt alle irdischen und damit auch die menschlichen Lebensgeister. Die Erde und der Mensch sind eins. Was wir der Erde antun, tun wir uns selbst an. Vergiften wir die Erde, steigt zum Beispiel die Krankheits- und Krebsrate der Menschen.

Wenn des Vaters Wille durch uns auf Erden geschieht, siegt die Liebe und damit das Gute.

„Unser tägliches Brot gib uns heute"

Dabei stelle ich mir immer das jeweilige Brot vor, das gerade in der Küche liegt und von uns verzehrt wird. Welche Gnade, daß wir unser tägliches Brot zu essen haben! So selbstverständlich, wie es für uns ist, so schmerzlich vermissen es andere Menschen.

Außer dem Brot lasse ich alle Dinge vor meinem geistigen Auge vorüberziehen, die zum Leben nötig sind.

„UNSER tägliches Brot gib uns HEUTE" heißt es. Wir beten also nicht nur für das eigene Stück, sondern um Brot für alle Menschen. Da die gesamte Schöpfung eins ist und zusammenge-hört, verpflichtet uns diese Bitte, unser Brot mit unseren hun-gernden Mitmenschen zu teilen. Ist es nicht Gnade, soviel zu haben, daß davon etwas abgegeben werden kann? Oder ist es gar eine Prüfung, wie ernst wir unsere Bitte meinen? Bitten wir eigentlich nur um „mein" Brot oder tatsächlich um „unser" Brot?

Wenn ich mit meinem Pferd über die Feldwege reite und erle-be, wie die frischbereitete, krümelige Erde auf den fruchtbaren Äckern der Aussaat Nahrung gibt, fühle ich ein Glücksgefühl der Dankbarkeit in mir aufsteigen. Ich beobachte im Laufe der Jah-reszeiten, wie das Korn Wurzeln schlägt und der Halm heraus-wächst, bis das Wunder geschehen ist, daß aus jedem winzigen Korn eine hohe, schlanke Ähre gewachsen ist, die viele Körner trägt, aus denen wir unser Brot backen dürfen. Sicher gibt es Sommer, da schlägt der Hagel die Ähren zu Boden, der Sturm knickt die Halme, eine große Trockenheit verringert die Ernte-erträge oder langanhaltende Regengüsse durchfeuchten das Korn und lassen es schimmeln. Doch immer haben wir hier in unse-rer Gegend der Erde noch genug Brot. Diese Tatsache läßt mich immer wieder ein Dankeschön an die Allmacht schicken. Denn es gibt viele Gebiete auf dieser Erde, wo die Menschen die Erde lockern und Korn aussäen, ohne daß etwas wächst.

Das Gleiche gilt im Grunde auch für andere Dinge des tägli-chen Lebens. Alle unsere Kleidungsstücke und Gegenstände, die wir im Laufe des vergangenen Jahres nicht benutzt haben, sollten wir weitergeben. Wenn wir den Mut zu vertrauen haben, werden uns andere im richtigen Augenblick stets das geben, was wir benötigen. Wer vertrauensvoll fühlt, denkt und lebt, dem wird immer zur rechten Zeit das Passende zufallen. Und Brot ist natürlich auch geistige Nahrung. Wir benötigen Impulse und Imaginationen für Seele und Geist. Die tägliche Nahrung für unseren Geist müssen wir aber selbst erkennen und aus dem Alltagsangebot herausfiltern. Immer ist alles vorhanden, wenn auch manchmal nur als kleines Sandkorn.

Wir müssen Tag für Tag aufs Neue erkennen, welches unsere Aufgabe ist und wie wir unseren Geist nähren

„Und vergib uns unsere Schuld"
Wie oft verletzen wir andere Menschen mit falschen oder unter-lassenen Gedanken, Worten und Taten. Manchmal merken wir erst an der Betroffenheit der anderen, welche Wirkung unsere Gedankengänge, Aussagen oder Handlungen hatten. Aber in vielen Lebenssituationen sind wir gerade nicht „wir selber", sondern lassen etwas Negatives oder auch Dämonisches von

uns Besitz ergreifen. Oft bemerken wir reichlich spät, wie schlecht wir einen anderen behandelt haben.

„Vergib uns unsere Schuld" bedeutet, daß wir für unser falsches Benehmen Einsicht und Reue zeigen. Ich stelle mir beim Beten jedes Mal einen Menschen vor, den ich lieblos behandelt habe. Doch der zweite Teil der Bitte gehört zum Erfüllungsprinzip dazu.

„Wie wir vergeben unseren Schuldigern"

Schließlich bitten wir die ALLMACHT darum, uns genauso zu vergeben, wie wir anderen ihre Schuld an uns vergeben. Es ist ein gegenseitiges Verzeihen. Uns wird nur verziehen, wenn wir ebenfalls verzeihen.

Gegenseitiges Verzeihen

Dann erinnere ich mich an einen Menschen, der mich drangsaliert hat und verzeihe ihm. Das gelingt mir nicht bei jedem auf Anhieb. Manche Gesichter muß ich sehr lange vor mein inneres Auge rufen, bis ich ihnen tatsächlich verzeihen kann. Es gibt auch Menschen, denen muß ich monate- und jahrelang täglich aufs neue verzeihen, weil ihre Bösartigkeit mich so tief verletzt hat, daß ein Verzeihen nur langsam möglich ist. An diesen besonders „schweren Fällen" kann ich immer prüfen, ob mein Verzeihen kein leeres Wort bleibt, sondern wirklich – auf Anhieb oder im Laufe der Zeit – ein tief und echt empfundenes Verzeihen ist.

Wir sollten wissen, daß wir im Grunde kein Recht auf göttliche Vergebung unserer Fehltritte haben, solange wir jenen nicht verzeihen, die uns gepeinigt haben.

„Führe uns nicht in Versuchung"

Hilf mir, nicht mehr in meine alten Fehler zurückzufallen, sondern meine Gedanken, Gefühle und Taten mit Bewußtsein zu durchdringen und nach jedem meiner Mißerfolge einsichtig zu werden, damit ich immer wieder erneut den Weg der Liebe gehen kann.

Bei diesen Worten lasse ich vor meinem geistigen Auge Situationen entstehen, die mich in Versuchung führen, weil sie eine meiner Untugenden hervorlocken. Ich schaue sie mir in Ruhe an und bitte um Kraft, diese Schwächen überwinden und der Versuchung widerstehen zu können.

„Sondern erlöse uns von dem Bösen"

Hierbei stelle ich mir einen meiner gravierenden Fehler vor, den ich immer wieder mache und so schwer loswerde.

69

GABRIEL spricht:
„Auf der Erde ist das Böse überall, wo das Gute herrscht.
Das wirklich Böse kann nur aufgrund der Erlösung
durch den Vater überwunden werden.
Das Böse in den Menschen ist eine schwierige Angelegenheit.
Jeder Mensch hat ein anderes Böses in sich.
Der Mensch wird das Böse in sich nur loswerden, wenn er ganz fest mit aller
Liebeskraft an seiner Überwindung arbeitet.
Christus hat das Böse überwunden.
Nun muß es ihm jeder Mensch nachtun."

Es gibt Menschen, von denen man das Gefühl hat, sie seien die Vertreter des Teufels auf Erden. Doch man treibt den Teufel nicht mit dem Teufel aus. Unser Schutz gegen böse Mächte, die da tobend walten, ist einzig und allein, nicht so zu werden wie sie. Trotz dieses Übels sollten wir versuchen, nicht von unserem Weg der Liebe abzuweichen, indem wir ihren Verführungen widerstehen, um nicht genauso zu werden wie sie. Wir sollten immer nach eigenen Mitteln und Wegen suchen, jene bösen Kräfte entschieden zurückzuweisen, ohne ihren Ungeist anzunehmen.

Es gibt Lebenssituationen, in denen Turbulenzen dafür sorgen, daß Teufelchen in uns lebendig werden und uns, statt unseres Höheren Selbst, regieren. Zur Einsicht ist es nie zu spät. Es ist immer eine Frage des Willens, demütig zu erkennen und zuzugeben, gegen besseres Wissen falsch gehandelt zu haben.

„Denn Dein ist das Reich"

Gottes Reich ist das der Liebe

Das Reich GOTTES ist der Logos – reiner Lichtgedanke und göttliche Liebeskraft. Gottes Reich ist das der Liebe.

Der zu Materie verfestigte göttliche Lichtgedanke ist unsere schöne Erde samt dem Universum.

Wir Menschen sind Gralsschalen, die den Liebesgedanken auffangen und ihn in die Tat umsetzen können. Dann kommt das Reich Gottes durch uns auf die Erde. Das ist die Erfüllung der Bitte „DEIN Reich komme".

„Die Kraft"

Bei diesen Worten lasse ich das Gefühl durch meinen Körper strömen, daß ich mich in dieser unfaßbaren göttlichen Kraft, die da seit dem Urbeginne herrscht, geborgen fühle. Die Kraft Gottes gibt mir Vertrauen, denn ich weiß, wenn ich versuche, in seinem Namen der Liebe zu leben, gibt er mir jederzeit etwas davon ab.

Welche Weisheit, welche Großartigkeit, was für eine unendliche „Kraft" gehörte dazu, diese Schöpfung zu erdenken! Wie groß ist unser staunendes Anerkennen, unser ahnendes Wissen und unsere ehrfürchtige Dankbarkeit vor und über diese Gotteskraft, die diese vielfältige Welt zum Leben erweckte und sich immer weiterentwickeln läßt.

„Und die Herrlichkeit"
Dieser Begriff erfüllt mich mit Dank, Staunen und einem großen Glücksgefühl. Dabei spüre ich zum Beispiel die Sonne auf meiner Haut, mein Glück, einen lustigen, einfallsreichen Sohn zu haben, meine Freude am Regenbogen, an den wunderschönen Blumen und meinen herrlichen Pferden, an feinen Kunstwerken, an Engeln und auch dafür, diese Herrlichkeit dankbar empfinden zu können.

„In Ewigkeit"
Ruhe erfüllt meine Seele bei diesem Wort. Ewig währt der Kreislauf der Geburt, des Werdens, Wachsens und Sterbens, des Aufenthaltes in der geistigen Welt, im Himmel und/oder in der Hölle, bis erneut die Geburt auf dieser Erde erfolgt. Ich will mit aller Kraft versuchen, das Leben mit seinen Höhen und Tiefen bis in alle Ewigkeit anzunehmen.

„Amen"
Wahrlich, DEIN Wille geschehe.

Es gab einmal eine Zeit, während der mir das tägliche Gebet plötzlich kein Bedürfnis mehr war. Ich wollte mich auch nicht zu solch einer heiligen Handlung zwingen. Ein Gebet sind meine Worte und Gefühle, die ich aus tiefstem Herzen an die Allmacht richte. Solch eine Ansprache darf für mich nur aus Liebe und niemals aus Pflichterfüllung von mir selbst erzwungen werden. Trotzdem war ich über meine Empfindung sehr betrübt und fragte meinen Engel nachdenklich, ob nun dadurch meine Engelverbindung leiden würde.

Da tröstete mich GABRIEL und sagte:
„Auch wenn Du nicht betest, hast Du die Verbindung zum Himmel, weil Du Dich bemühst, ein Leben in Liebe zu führen. Deine Taten vereinen Dich mit der Allmacht. Deine täglichen Handlungen sind Dein Gebet."

Bei einem Leben in Liebe sind unsere Handlungen unser Gebet

Dämonen, die Gegenspieler der Engel

So wie es im Kosmos positive bzw. gute Schwingungen gibt, deren Kräfte wir Engel nennen, erscheinen negative Schwingungen finsterer Wesenheiten als das Wirken von Dämonen.

Das gilt oben wie unten: So wie in uns im Kleinen, hier unten auf der Erde, das Gute und Böse vorhanden ist, strahlen im Großen, oben in der geistigen Welt, gute und böse Energien. Diese Engel und Dämonen drücken sich in unserem Gemüt in Seelenbildern aus, die unseren jeweiligen Gemütszustand spiegeln.

Letztendlich finden in der geistigen Welt ähnliche Kämpfe statt wie in unseren Herzen.

Der Mensch bleibt Mensch, vom Beginn der Schöpfung an und in all seinen Lebenszuständen im Himmel und auf der Erde. Von allen irdischen Lebewesen hat nur der Mensch das Bewußtsein, seinen Willen in Liebe und Freiheit zu steuern. Nur der Mensch kann bewußt zwischen Gut und Böse entscheiden. Das Tier nicht. Tiere werden ausschließlich von ihren Instinkten geleitet und können dadurch nicht bewußt freiheitliche Entscheidungen fällen. Der Gedanke, daß ein Mensch als Tier auf die Welt kommt, ist deshalb abwegig, weil er als Tier nicht bewußt denken, fühlen und handeln könnte. Denn das Leben der Tiere ist reiner Erhaltungstrieb und Instinkt.

Nur der Mensch kann bewußt zwischen Gut und Böse entscheiden

Eine bewußte Entwicklungsmöglichkeit wäre uns Menschen als Tier nicht möglich. Daher wäre eine solche Inkarnation, eine tierische Fleischwerdung des Ich eines Menschen, sinnlos.

Überall, wo Licht ist, gibt es auch Schatten. Aber es ist das Licht, das die Finsternis erhellt, vertreibt und durchleuchtet. Das Licht siegt immer über die Dunkelheit. Nie kann das Dunkel das Licht ersticken oder überschatten. Ganz im Gegenteil, es hat keine Überlebenschance, sondern muß weichen, wenn das Licht kommt. Das Licht des göttlichen Logos wird den Sieg erringen, denn es durchdringt die Finsternis.

Der Mensch wurde von Gott zu seinem Ebenbild geschaffen, und zwar nicht als fertiges „Produkt", sondern mit der Möglichkeit, durch freiheitliches Wollen, Fühlen und Denken zu göttlicher Vollkommenheit streben zu dürfen.

So werden wir Menschen hier auf die Erde als freie Geister in die Polarität hineingeboren. Wir dürfen uns in Freiheit für das Gute oder das Böse entscheiden.

Anders ausgedrückt: Wir wählen ständig zwischen Engel und Dämon. Das Böse verbirgt sich in allen Untugenden. Deshalb heißt die seelenstärkende Bitte im Vaterunser: „Und führe uns nicht in Versuchung."

Voltaire (1694–1778) schrieb von der notwendigen Einsicht für die Menschheit, daß die Gewalt, die sie Tieren antut, als Gewaltpotential in der Welt vorhanden bleibt und sich gegen die Menschen richtet.

Diese Erkenntnis sagt uns nichts anderes, als daß alle Taten, die guten wie die bösen, Kräfte beinhalten, die uns ihrer Eigenschaft gemäß wieder begegnen.

So sollten wir aufmerksam leben, denn oft wechseln je nach Epochen die Auffassungen von Gut oder Böse. Wenn das Böse auf dieser Welt nicht vorhanden wäre, hätten wir Menschen nicht die Möglichkeit, uns aus eigener Freiheit heraus für das Gute zu entscheiden. Durch diese Betrachtungsweise wird das Böse gewissermaßen zum Diener des Guten.

Es mag im Alltag Augenblicke geben, in denen wir nicht sicher sind, was gut und was böse ist. Dann sollten wir einen Moment innehalten und mit unserem inneren Ohr lauschen. Nach einiger Übung werden wir eine Antwort erhalten, denn in unserem Herzen, dem Sitz unseres Gewissens, weiß ein jeder von uns sehr wohl, was gut und böse ist. In der christlichen Mythologie ist das Schwert das Symbol für das Wort. So können wir Menschen mit wahrheitsvollen Worten „unter-scheiden" und für das Gute kämpfen.

Wenn wir unser Herz halbieren, wird tatsächlich in jeder der Hälften der Abdruck eines ebenfalls halbierten Ohres sichtbar. Und wenn wir anderseits unsere zwei Ohren aneinanderhalten, entsteht die Form eines Herzes.

Es ist ein Irrtum zu glauben, daß nur hinter Klostermauern, in religiösen Lebensgemeinschaften Gleichgesinnter, Entscheidungen zum Guten gefällt werden können. Gerade mitten in unserem weltlichen Leben voller Versuchungen, Gefahren und Ablenkungen müssen wir unseren Weg der Liebe gehen! Unbeirrt von den Worten anderer dürfen wir lernen, ohne viel Worte für uns zu entscheiden, was gut und böse ist.

Wir sind der göttlichen Energie, zu der auch unser Höheres Selbst zählt, Rechenschaft schuldig.

Und eines sollte uns auch allen klar sein: Alkohol und Drogen schneiden unser Bewußtsein von der geistigen Welt ab. Unser Ich entgleitet uns, wir sind nicht mehr Herr unserer selbst. Es werden Gedanken und Handlungen vollbracht, die unseren Lebenszielen wie Liebe, Güte, Mitleid und Verständnis fern sind.

Mitten im Leben den Weg der Liebe gehen!

GABRIEL
„Es ist ein Gesetz im Himmel:
Wer liebt, gehört in den Himmel.
Wer lau ist, gehört in das Wasser.
Wer lügt, gehört in die Hölle."

Unsere „Blicke" werden getrübt. Nicht nur körperlich, sondern auch seelisch-geistig. Das heißt nicht, daß wir nie Alkohol trinken sollten, aber wir sollten wissen, wie er bestimmte Veränderungen in und mit uns vollbringt. Nicht der Verzicht auf Alkohol ist unentbehrlich, sondern das Wissen um seine Wirkung! Denn allein wir bestimmen, was wir tun!

Die Dämonen können uns gewissermaßen zu untugendhaften Taten verführen. Das heißt, sobald wir Charakterschwächen zulassen und unsere Tugendhaftigkeit, bildlich gesehen, Löcher hat, füllen dämonenhafte, schlechte und böse Gedanken diese Freiräume aus.

Es liegt in unserer Macht, welche Geister wir in uns wachrufen. – Das Böse ist wie das Gute ewig präsent

Wir müssen unseren Mangel nur ehrlich be- und erkennen. Ein erkannter Mangel ist in gewisser Weise schon kein Mangel mehr. Wie im Großen, so im Kleinen. Wie oben in der geistigen Welt, so auch unten auf der Erde:

In uns ruht das Gute und das Böse. Es liegt an uns selbst, welche Geister wir in uns wachrufen. Gegen die dunklen Wesen können wir uns nur schützen, indem wir verständnisvolle Liebesbereitschaft im Herzen tragen. Denn die eigene Liebesfähigkeit ist der größte Schutz gegen Dämonen, den der Mensch sich selbst geben kann. Durch reine Gedanken, liebevolle Empfindungen und gute Taten erfüllen uns gute Himmelskräfte, dann haben wir den besonderen Beistand der Engel.

Die Wesen der Finsternis versuchen, den Menschen ein Leben lang irrezuleiten, und es gelingt ihnen mehr oder weniger. Es kommt nicht darauf an, daß wir fehlerlos leben, das kann ein Mensch bei aller Anstrengung noch nicht erreichen, allein unser guter Wille zählt. Daß wir uns immer wieder selbst ganz bewußt daran erinnern, in Liebe zu handeln, und daß wir immer wieder versuchen, keine Taten in Unwahrheit, Gier und Machtlüsternheit durchzuführen.

Die dunkle Seite ist oft schneller, leichter und verführerischer als gute Lichtgedanken, die uns den arbeitsreichen und mühevollen Weg der Selbsterkenntnis und -änderung zeigen.

Der Teufel ist laut der katholischen Lehre der Oberste der gestürzten Engel. Auf griechisch heißt Teufel „diabolos", was soviel wie „Verwirrung" oder „Verleumdung" bedeutet. Das gelingt ihm bei uns Menschen leider noch viel zu oft.

Auch der Satan, in der hebräischen Sprache „Widersacher" genannt, gehört zu den dunklen Mächten der Hölle. Diese schwarzen Kräfte „verwirren" den Menschen die Gedanken, sie lassen uns „wider" unser besseres (Ge-) Wissen gegen die göttliche Einheit in uns kämpfen.

Rudolf Steiner nennt die Widersachermächte Luzifer und Ahriman. Hinter dem leuchtenden, glitzernden Verführer Luzifer, dem ehemaligen Lichtträger Gottes, verbirgt sich die Leidenschaft, die Verblendung und die Begierde.

Ahriman hingegen ist die kalte, berechnende und rücksichtslose Macht. Um uns in Versuchung zu führen, bedienen sich die bösen Geister der ganzen weltlichen Palette von luziferischen und ahrimanischen Verführungskünsten.

Geht es uns so richtig gut, wie im Paradies, dann vergessen wir oft, daß das Böse im Dunkeln auf der Lauer liegt. Es verbirgt sich in unserer Gedankenlosigkeit und Nachlässigkeit, wie auch beispielsweise in Schadenfreude, Gehässigkeit, Habsucht, Gier, Rache oder Neid.

Das Böse fürchtet sich vor dem Licht

Das Böse und damit unsere schlechten Eigenschaften bzw. unsere Untugenden haben ihre Berechtigung auf dieser Welt. Durch das Dunkel werden wir zum Licht geführt, weil wir ohne Finsternis keine Entscheidung für das Licht, für das Gute in uns treffen könnten.

Wer sich bewußt mit Dämonen verbündet, muß sich darüber im klaren sein, daß er sie nur schwer wieder los wird. Denn sie schwirren in seinen Gedanken herum und durchströmen verlockend oder auch beängstigend seine Gefühle.

Man ist dann, wie der Volksmund so treffend sagt, „von allen guten Geistern verlassen".

Wir ziehen die finsteren Wesenheiten schon an, wenn wir uns zu sehr mit ihnen beschäftigen. Es ist zwar wichtig, sie zu erkennen, aber dann ist eine Stärkung mit guten Gedanken und Taten eher notwendig, anstatt gegen das Böse zu kämpfen. Wie schnell greift man zu denselben Mitteln und verfängt sich in den Fallstricken der eigenen Wut. Welch Triumph für die Dämonen! Denn sie wollen nichts anderes, als uns verführen und herabziehen.

Wer Engelsverbindungen in sich entstehen lassen möchte, sollte rachsüchtigen, neidischen und verwünschenden Gedanken keinen Platz einräumen.

Wenn wir willensstark, mit dem Einsatz all unserer Seelen- und Geisteskräfte versuchen, den Weg der Liebe zu gehen, und im Gebet verweilen, können wir finstere und zwielichtige Wesen leichter vertreiben.

GABRIEL
„Das Böse ist nur deshalb im Dunkel verborgen, weil es sich vor dem hellen Licht fürchtet."

Ein sehr schöner Bibeltext ist das Hohe Lied der Liebe (1, Korinther 13). Es gilt meiner Ansicht nach unabhängig von jeglicher Religion für alle Menschen, die versuchen, in Liebe zu leben. Hier eine Übersetzung von Rudolf Steiner:

Ein universell gültiger Text: Das Hohe Lied der Liebe

Das Hohe Lied der Liebe

„Doch ich will euch zeigen den Weg,
der höher ist denn alles andere:
Wenn ich reden könnte mit Menschen- oder mit Engelszungen
aus dem Geiste und ermangelte der Liebe, so ist meine Rede
tönend Erz und eine klingende Schelle.
*

Und wenn ich weissagen könnte und alle Geheimnisse offen-
baren und alle Erkenntnisse der Welt mitteilen, und wenn ich
allen Glauben hätte, der Berge selbst versetzen könnte, und
ermangelte der Liebe, es wäre alles nichts.
*

Und wenn ich alle Geistesgaben austeilte, ja, wenn ich meinen
Leib selber hingäbe zum Verbrennen und ermangelte der Liebe,
es wäre alles unnütz.
Die Liebe währet immer. Die Liebe ist gütig, die Liebe kennt
nicht den Neid, die Liebe kennt nicht die Prahlerei, kennt nicht
den Hochmut, die Liebe verletzt nicht, was wohlanständig ist,
sucht nicht ihre Vorteile, läßt sich nicht in Aufreizung bringen,
trägt niemandem Böses nach, freut sich nur mit der Wahrheit.
*

Die Liebe umkleidet alles, durchströmt allen Glauben, darf auf
alles hoffen, darf allüberall Duldung üben. Die Liebe kann nie,
wenn sie ist, verlorengehen. Was man weissagte, gehet dahin,
wenn es erfüllet ist:
Was erkannt wird, höret auf, wenn der Gegenstand
der Erkenntnis erschöpft ist.
Denn Stückwerk ist alles Erkennen,
Stückwerk ist alle Weissagung.
Doch wenn das Vollkommene kommt, dann ist es mit dem
Stückwerk dahin.
*

Da ich ein Kind war, sprach ich wie ein Kind, fühlte ich, dachte
ich wie ein Kind, da ich ein Mann ward,
war es mit des Kindes Welt vorbei.
Jetzt sehen wir im Spiegel nur dunkle Konturen, dereinst
schauen wir den Geist von Angesicht zu Angesicht. Jetzt ist
mein Erkennen Stückwerk, dereinst werde ich ganz erkennen,
wie ich selber bin.
Nun, bleibend ist Glaube, bleibend ist Hoffnung in Sicherheit,
bleibend ist Liebe, die Liebe aber ist das Größte unter ihnen.
Daher steht die Liebe obenan.“

Die Liebe von Engeln und Menschen

Engel können von ihrer Natur her nicht anders, als in Wahrheit und Liebe zu wirken.

Wir Menschen hingegen müssen uns, besonders in schwierigen Lebenssituationen, bemühen, in Liebe zu handeln.

Viele Menschen wehren sich gegen den Weg der Liebe. Sie denken, andere würden sie als schwach ansehen und ihnen ihre errungenen Lebenspositionen streitig machen. Aber das ist ein Irrtum! Liebe hat nichts mit Ducken und tatenlosem Geschehenlassen zu tun, sondern mit einem bewußt, in liebevoller Achtsamkeit geführten Leben. Dazu gehört auch ein „Nein-Sagen-Können" aus Liebe. Solch eine Lebensführung stärkt. Sie erhöht die Sensibilität und die Stabilität von Geist und Seele. Damit wird ein Mensch immer gefestigter gegen Angriffe der „harten" Umwelt. Seine gesteigerte Empfindungskraft läßt ihn vorausahnend und -schauend werden.

Die Erde als der Planet der Liebe, läßt uns durch unsere Taten Liebe lernen

Auf einem Werbeplakat las ich die Worte: „Es ist ein schönes Gefühl, der Verführung nachzugeben." Viele Menschen glauben, dieses Gefühl und das Schwelgen darin sei Lebensfreude, ja sogar Liebe. Aber da irren sie sich gewaltig. Liebe beginnt da, wo die Haltung „Ich will mich vergnügen" aufhört, wenn das Ich zum Dich wird und die Einstellung „Bist du glücklich, dann bin ich es auch" Wirklichkeit ist.

Von diesem Idealbild sind wir wohl alle noch ein ganzes Stück entfernt. Aber ein Ideal ist dazu da, wie ein Stern am Himmel zu leuchten, damit wir den Weg finden. Nur derjenige sieht diesen Stern, der das Ideal erkennt und sich auf den Weg macht, es zu finden. Die Erde ist der Planet der Liebe. Nur hier können wir durch unsere Taten lieben lernen. In der geistigen Welt sind wir körperlos und haben keine irdischen Hände zum Handeln.

Wir können von anderen nur verlangen, daß sie uns so lieben, wie wir sind, wenn wir selbst versuchen, andere so zu lieben, wie sie sind.

GABRIEL: Aphorismen der Liebe

„In der wahrhaftigen Liebe überwinden wir unser Ego und
verbinden uns mit unserem Höheren Selbst.
Liebe ist eine Frage des Herzens, nicht des Verstandes.
Liebe ist uneigennützig.
Liebe lenkt den Menschen und
nicht etwa umgekehrt.

Liebe lenkt den Menschen und nicht etwa umgekehrt

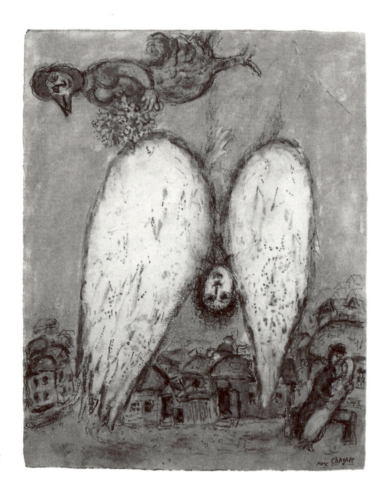

Der weiße Engel

Liebe ist wie ein Ball, der zwischen den Liebenden
hin- und hergeworfen wird.
Liebe versteht alles, verzeiht alles und
hat die Kraft, auf alles zu hoffen.
Liebe ist mitfühlend, mitleidend und unendlich geduldig.
Liebe heißt nicht Selbstverleugnung,
sondern Selbstentwicklung.
Liebe heißt auch, 'nein' sagen zu können.
Liebe bedeutet, die Grenzen des anderen zu akzeptieren
und die eigenen Grenzen zu zeigen.
Liebe hat den Mut zur Demut,
unermüdlich und vertrauensvoll.
Liebe kennt keinen Stolz, keinen Neid,
weder Rache noch Mißgunst.

Liebe bedeutet: geben und nehmen
im rechten Augenblick.
Die Antwort der Liebe in unserer Seele ist Furchtlosigkeit,
Vertrauen und Geborgenheit."

GABRIEL: Bilder der Liebe
„Liebe ist die ganze Kraft des Universums,
an der wir teilhaben, wenn wir sie leben.
Die Liebe ist eine Blume des Herzens,
die ihren Duft durch Gefühle verbreitet, immer gleich stark,
ohne eine Gabe zu verlangen.
Liebe ist immer so klar, rein und offen wie der Sternenhimmel bei Nacht.
Liebe ist wie eine Sonne, die in der Dunkelheit weiterleuchtet
und niemals untergeht."

„Liebe Deinen Nächsten wie Dich selbst." Mehr wird im zweiten Gebot der Bibel nicht von uns verlangt, und doch ist es sehr schwer.

Wir nähern uns unserem Engel durch die Schulung unserer Tugenden

Manchmal begegnen uns Menschen, von denen wir sagen, sie haben „unsere Wellenlänge". So ähnlich müssen wir uns die Empfindung vorstellen, mit der wir Engel wahrnehmen können. Die „Wellenlänge" des Engels zu erreichen gelingt uns, wenn wir unsere Seelen empfindsamer machen und den Geist in wahrheitsvollen, klaren und reinen Gedanken emporheben zu den Welten der Engel. Wenn wir unser Höheres Selbst durch ein liebe- und wahrheitsvolles Leben in uns entwickeln, kommen wir dem Zustand der Engel näher.

Durch ein liebe- und wahrheitsvolles Leben können wir die Wellenlänge des Engels erreichen

Die innere Harmonie in unserem Gemüt und unserem Geist ist die Grundlage für eine Annäherung an die Engel, und die kann nur im Wesen eines Menschen entstehen, der mit ganzer Kraft und Ehrlichkeit versucht, den Weg der Liebe zu gehen. Es gibt nur gut oder böse, die kristallklare Wahrheit oder die das Licht verdunkelnde Lüge. Mir fiel eines Tages auf, daß die meisten der sogenannten Notlügen auf Bequemlichkeit, Gewohnheit und Feigheit beruhen.

Wir müssen unsere Tugenden in Freiheit und Liebe pflegen, dann verbessern wir nicht nur unser eigenes Lebensgefühl, sondern stärken auch das Potential des Guten auf der Welt.

In einem Bild ausgedrückt, könnte dies so aussehen: „Eine Rosenblüte schmückt nicht nur sich selbst, sondern den ganzen Garten!"

Je nach unserem Entwicklungsstand sind wir bereit, die Energieströme geistiger Botschaften zu empfangen. Wie schon erwähnt, ist das himmlische Allwissen, die sogenannte Akasha-Chronik, eine spirituelle Aufzeichnung aller Gedanken, Gefühle und Taten der Schöpfung in der Vergangenheit, der Gegenwart und der Zukunft. Man nennt die Fähigkeit eines Menschen, in diesem Himmelsbuch lesen zu können, meistens „hellsehen", dabei müßte es besser „hellfühlen" heißen. Denn die Gedanken von Geistwesen und Menschen können als Kraftströme gefühlt werden, die unser Gemüt in Bilder oder in Worte kleidet. Es ist eine Interpretation der HellseherInnen, was in den Bildern erblickt oder in welchen Worten die Gemütsempfindungen formuliert werden.

Zufälle haben einen göttlichen Ursprung

Tief in meinem Inneren spüre ich stets ganz zart meinen Engel. Wenn ich mich an ihn wende, eilt er mir freudig zu Hilfe. Allerdings sieht seine Rettung oft anders aus, als ich sie mir vorgestellt habe. Aber wenn ich danach strebe, hinter die Zufälle zu schauen, erkenne ich ihren göttlichen Ursprung. Denn uns fällt immer das zu, was für unsere Entwicklung gut ist, wenngleich es auch oft nicht unseren Wünschen und Erwartungen entspricht.

GABRIEL zur Tugend

„Der Mensch wird tugendhaft, der lernt, ehrlich zu sich selbst zu sein, der die Wahrheit liebt und den Mut hat zum Eingeständnis seiner Fehler.
Liebt ein Mensch die Wahrheit, hat er es einfacher.
Liebt ein Mensch die Lauheit, hat er es schwerer.
Liebt ein Mensch die Lüge, hat er es unnötig schwer."

Wir können unsere Tugenden im Alltag bewußt schulen
1. Üben wir die Tugenden der Duldsamkeit, indem wir die Frage „Warum gerade ich?" unterlassen, das uns Zugefallene annehmen und damit lernen.
2. Erziehen wir uns zu einer geradlinigen und wohldurchdachten Handlungsweise.
3. Üben wir Ausdauer und versuchen, unbefangen ohne Ab- oder Überbewertung aller Erlebnisse und Begegnungen zu leben.
4. Lernen wir, Gott zu vertrauen, der aufgrund seines allmächtigen Wissens einen besseren Überblick darüber hat, was wir tatsächlich benötigen.

5. Wappnen wir uns gegen ein übertriebenes Glücksgefühl und lassen uns vom Unglück nicht niederschmettern.

Immer gilt: Herr, Dein Wille geschehe.

Wenn wir diese Vorsätze immer wieder unermüdlich, ohne auf- oder nachzugeben, in unser tägliches Leben tragen, dann entfaltet sich unsere Seele. Eine wunderbare, innere Ruhe gibt uns Kraft. Unser Wesen beginnt zu strahlen.

„Zur Freude gehört die Demut, sonst ist der Hochmut nicht fern. Der Hochmut aber stürzt den Menschen in die Tiefe!"

Es ist wichtig zu verstehen und zuzulassen, daß die geistige Welt eine völlig andere Gedankenebene besitzt als die irdische. Somit ist auch das Denken in der geistigen Welt ein anderes. Auf der Erde muß der Mensch bewußt denken. In der Verbindung zur geistigen Welt läßt der Mensch diese anderen Gedankenströme zu, das heißt, er unterläßt alle eigenen Gedanken, sein Geist wird leer, nur sein Gefühl empfindet. In diesem Zustand ist die menschliche Seele wie ein Blütenkelch für den Empfang von Botschaften aus der Geisteswelt geöffnet.

Diesen Zustand können wir auf der Erde bewußt entwickeln, um uns für den Kontakt mit geistigen Wesen, den Engeln, vorzubereiten.

Die Seele wie einen Blütenkelch für Engelbotschaften öffnen

Manchmal benehmen wir uns trotz aller Bemühungen wieder einmal daneben und fallen in alte, längst abgelegt geglaubte Verhaltensmuster zurück. Unsere Seele trauert. Wir sind von uns enttäuscht. Am liebsten würden wir alles hinwerfen. Verzeihen wir uns dann doch einfach selbst noch einmal, wie wir die Fehler anderer verstehen und vergeben, und versuchen es noch einmal aufs neue! Es ist von großer Bedeutung, jeden Schritt der neuen Entwicklung langsam zu gehen und die Seele mit den gemachten Erkenntnissen zu verbinden, bevor der nächste Schritt eingeleitet wird. Wir haben viel Zeit, uns zu ändern, denn niemand drängt uns. Wir bestimmen die Geschwindigkeit und die Dauer ganz allein.

Bittet der Mensch seinen Engel, ihn auf dem Weg der Liebe zu begleiten, wird er die unendliche Liebe in der mannigfaltigen Hilfsbereitschaft seines himmlischen Helfers, der ihn behütet und leitet, zu spüren bekommen.

Wer bereit ist, den Weg der Liebe zu gehen, der wird erfahren, wie glücklich, ruhig und zufrieden dieser Gedanken- und Lebensgang ihn macht.

GABRIEL gab mir folgende Botschaft

„So wie ein Rosenstrauch viele Jahre braucht, um eine von Blüten übersäte Krone zu entfalten, so benötigt auch der Mensch eine gewisse Zeit, bis er die reiche Ernte freudebringender Taten und liebevoller Handlungen einfahren kann. Aber er muß unerschütterlich an sich arbeiten, um eine Wandlung zur Wahrheit und zum Guten zu vollbringen."

Gibt es einen Beweis für die Existenz von Engeln?

Es gibt Menschen, die glauben und fühlen im Herzen, daß es Engel gibt, und so erleben sie ihre Anwesenheit.

Unser Geist hat Flügel   Wie kann man einem ungläubigen Zweifler beweisen, daß es ein geistiges Kräftewirken durch sogenannte Engelwesen gibt?

Indem Zweifler den Schulungsweg gehen, lernen sie zu glauben, zu fühlen und zu denken, denn ohne daß sie sich ein gewisses Wissen erarbeiten, kann es für sie kein Verstehen geben. Eine neue mathematische Entdeckung können auch nur diejenigen nachvollziehen und verstehen, die mathematische Erkenntnisse haben. Ebenso verhält es sich mit geistigem Wissen. Die unwissenden Zweifler werden so wenig in der Lage sein, Engelkräfte zu spüren, wie der Nicht-Mathematiker auf dem Gebiet der Formeln Verständnis haben kann. Und dennoch existiert die mathematische Formel, und trotzdem gibt es Engel!

Kapitel 3

Wege zur Engelbetrachtung

Übungen zur Stärkung von Gedanken, Gefühl und Willen

Alle Übungen zur Schulung der Gedanken, der Gefühle und des Willens haben das Ziel, die in früheren Zeiten selbstverständliche Einheit mit der geistigen Welt nun mit Bewußtsein zu erreichen. Wir nehmen unser Schicksal damit immer klarer selbst in die Hand und entwachsen allmählich der Führung der uns unbewußt leitenden Schicksalsmächte. Dieses Bestreben liegt allen Schulungswegen zugrunde.

„Wohl kann der Körper eines Menschen in Fesseln gelegt werden, doch nicht sein Geist, denn der hat Flügel. So kann unser Geist jederzeit die Freiheit suchen, die unserem Körper verboten ist."

DIE GEDANKEN

Der Wille soll die Gedanken beherrschen und nicht umgekehrt.

Gedankenkontrolle ist eine Übung zum Bewußtwerden.

Zusammengesponnene Ängste peinigen uns, und phantastische Hirngespinste gaukeln uns falsche Tatsachen vor.

Tagträumereien, Unwahrheiten und Lügen entfernen uns von der geistigen Welt! All diese umherirrenden Gedanken bereiten den Boden für Dämonenverbindungen, aber keineswegs für gute Geister, die nur in absoluter Reinheit, Wahrheit und Klarheit zu Hause sind. Wir bestimmen mit unseren Gedanken, welche Geister in uns wohnen.

Eine bewußte Gedankenführung steigert das eigene Wohlbefinden und fördert Unabhängigkeit, innere Ruhe und wahre, innere Freiheit.

Engelwesen werden vor allem von Menschen erreicht, die immer wieder versuchen, in klaren, reinen Gedankengängen bewußt zu denken, zu fühlen und zu leben und einen Gedanken bewußt an den anderen zu gliedern.

Freudige Gedanken beflügeln uns und traurige lähmen uns.

Bewußtes Denken macht unabhängig

GABRIEL sagte einmal zu mir

„Deine Traurigkeit bereitet mir Schmerzen."

Die Kraft unserer Gedanken ist so gewaltig, daß jeder Wunsch, an dessen Erfüllung ohne jeglichen Zweifel und ohne Unterbrechung unerschütterlich geglaubt wird, wirklich in Erfüllung gehen kann.

Hüten wir uns vor bösen Wünschen, denn sie fallen auf uns selbst zurück. Und achten wir auch bei guten Wünschen darauf, jedes Wunschgebet mit den Worten „Herr, DEIN Wille geschehe" zu beenden. Denn wir können die Wirkung nicht abschätzen. Wer weiß besser als Gott, was wir tatsächlich für unsere Entwicklung benötigen?

In der geistigen Welt findet ein ununterbrochener Kampf guter und böser Geisteskräfte statt. Engelkräfte an unserer Seite versuchen Tag und Nacht, unsere Sinne für die Liebe zu entwickeln, während die Dämonen der seelisch-geistigen Finsternis verführerisch unsere Begierden nach weltlicher Macht, scheinbarem Glanz und kurzlebiger Lust erwecken und anstacheln.

Immer wieder ist es der Mensch, der sich mit seinem vollen Bewußtsein strebend bemühen sollte, sich selbst zu guten Gedanken, Gefühlen und Handlungen hinzuwenden.

Die Kontrolle der Gedanken

ist für die Denkenden wichtig, sonst verlieren sie ihre Gedanken in einem endlosen Lauf von Trugbildern.

Wir sollen lernen, unser Wollen in unsere Gedanken zu tragen und nur noch das zu denken, was wir WOLLEN!

Unser Willen, sich für wahrhaftige Gedanken zu entscheiden, ist eine Enscheidung für das Göttliche.

Es kommt darauf an, sich zu erziehen, bewußt das zu denken, was dem eigenen Willen entspricht, und sich nicht lasch der Verführung irgendwelcher Gedankenphantasien hinzugeben, sondern diese bei ihrem Auftauchen sofort zu beenden. Unser energischer Wille, diese Gespinste zu verjagen, ist entscheidend.

Ein tiefempfundenes Gebet mit inneren Bildvorstellungen der gesprochenen Worte hilft, den Spuk zu vertreiben, denn es erfüllt unsere Gedanken. Andacht hilft uns, innere Ruhe wiederherzustellen.

Man kann auch mehrmals die Worte sagen: „Christus in mir, und meinen Geist erfülle er" – bis das wärmende Gefühl der Liebe, die heilende Kraft des göttlichen Sonnengeistes in uns aufsteigt und wieder friedvolle Ruhe in unsere Gedankenwelt einzieht (Christus = der lebendige Kristall der Wahrheit und Liebe).

In der Übung der Achtsamtkeit lernen wir, unser Wollen in unsere Gedanken zu übersetzen

Das Entzweite

Man kann sich auch das gleißende, alles durchflutende, lebensspendende Sonnenlicht gedanklich vorstellen und so die Finsternis in sich bildlich vertreiben (siehe „Sonnenlichtmeditation").

Alle Gedanken der Gier, Sucht, Rache, des Neides, Hasses, der Lüge und der Leidenschaft (die Leiden schafft) sollten ebenfalls als falsch erkannt und abgestellt werden, indem wir bewußt erkennende und mitfühlende Gedanken für denjenigen oder dasjenige in uns entwickeln, was diese Untugenden hervorrief.

Es ist hilfreich, zu schlechten Gedanken so lange, bis sie endlich weggeflogen sind, laut und energisch zu sagen: „Geht weg! Ich will euch nicht mehr haben!" oder einfach laut und mitfühlend „Ich lasse euch nicht in mein Herz!" Gleichzeitig müssen wir den freigewordenen Gedankenraum gezielt mit guten Gedanken füllen, damit die schlechten ihn besetzt finden, wenn sie zurückkehren wollen.

Gute Gedanken werden von Engelkräften getragen und vertreiben die schlechten am schnellsten und nachhaltigsten!

Am besten werden die schlechten Gedanken allerdings vertrieben, wenn man sofort überlegt, welche gute Tat vollbracht werden könnte oder wem man welchen liebevollen Gefallen schenken könnte. Dann sind Geist, Seele und Körper damit beschäftigt, gute Gedanken in Taten umzusetzen.

Falsch ist es, die quälenden Gedankenabläufe nicht durch unseren Willen abzuschalten, sondern etwa mit ablenkendem

Gute Gedanken werden von Engelkräften weitergetragen

Fernsehen, mit Alkohol oder anderen Drogen zu überdecken. Denn dadurch lernen wir nicht, energisch, kraftvoll und bewußt unseren Willen zu üben und diese unerwünschten Gedanken davonzujagen, sondern überlassen uns willenlos einem schwächenden Gedankenchaos.

Die Gefahr aller Drogen liegt darin, daß wir uns ohne jegliche Anstrengung, das heißt ohne bewußtes Handeln, wohlfühlen. Drogen machen uns unbewußt, sie berauschen unseren Bewußtseinszustand. Ohne Willensanstrengung erhalten wir jederzeit einen Zustand der scheinbaren Glückseligkeit. Diese Bequemlichkeit macht süchtig, denn die Sehnsucht nach dem so bequem zu erreichenden Glücksgefühl ist die Sucht.

GABRIEL sagte zu den Gedanken

„Die Gedanken werfen Schatten auf die Erde und huschen als solche umher. Die meisten Menschen sehen keine Gedanken, deshalb glauben sie, Gedanken sind keine Gebilde. Doch Denken erwirkt feste Gedankengebilde, die umherschweben in der Welt."

Die Schulung unserer Gedanken

1. Durch Meditationsübungen (je ca. 3–5 Min.)

Eine wichtige Meditationsübung, die unser freies, konzentriertes Denken schult, ist es, sich vor einen alltäglichen Gegenstand (Bleistift, Kerzenleuchter etc.) zu setzen, diesen zu betrachten und ganz bewußt einen Gedanken nach dem anderen über Farbe, Form, Material, Bestimmung usw. anzugliedern.

Bei einer anderen Meditationsübung legt man ein Samenkorn vor sich hin und läßt daraus die dementsprechende Pflanze oder Blume wachsen und welken. Daneben legt man einen Stein in der Form des Samenkorns, der aber für immer ein unfruchtbarer Stein bleibt. Er sieht zwar aus wie das Samenkorn, aber die Information, der Geist, fehlt ihm.

Abendliche Tagesrückschau als eine meditative Übung

Es ist ebenfalls eine gute Übung, am Abend die Geschehnisse des vergangenen Tages (vom Abend rückwärts bis zum Morgen) vor seinem geistigen Auge Revue passieren zu lassen. Das Rückwärtsdenken stärkt die Gedankenflexibilität mehr als das gewohnte Vorwärtsdenken. Dabei kann man noch einmal in Ruhe den ganzen Tagesablauf überdenken, die vollbrachten Handlungen überprüfen und aus gemachten Fehlern lernen.

(Wenn die Müdigkeit es erfordert, muß diese Übung im Sitzen oder gar im Stehen, immer aber mit senkrecht gehaltenem Kopf gemacht werden.)

2. Wenn wir versuchen, aufmerksam zu leben, bieten sich genügend Möglichkeiten, die hier aufgeführten Anregungen im Alltag zu beachten und zu üben.

Urteilen sollte man erst, wenn viele Anhaltspunkte gesammelt wurden und mit großer Mühe versucht wurde, den anderen zu ergründen.

Beim Sprechen kann man Denken lernen: man sollte sich bemühen, nicht gedankenlos daherzuschwätzen, sondern die Worte erst einmal zu überdenken, bevor sie ausgesprochen werden. Interessanterweise wirkt sich ein bewußt durchdachtes Sprechen auch auf die Atmung positiv aus, so daß der Sprecher weniger ermüdet.

Gedanken sollten unabhängig von der Meinung und dem Einfluß der Außenwelt gefaßt werden, um wirklich frei und eigenen Ursprungs zu sein.

Unsere Gedanken sollten bewußt, wahrheitsvoll und absolut ehrlich sein. Wer übt, seine Gedanken still für sich zu behalten und nicht ständig plappernd und schwätzend durch das Leben geht, kann seine Handlungen achtsamer und kraftvoller vollbringen, weil er sich aus seiner inneren Ruhe heraus besser prüfen und führen kann.

„Perlen bedeuten Tränen.
Tränen werden zu Perlen.
Denn in Erkenntnis gewandeltes Leid
rundet unsere Seelenperle
und verleiht dem Muschelkorn
den bunten Perlmuttschein der Regenbogenfarben."

DAS GEFÜHL

Was ist das Gefühl, und wofür ist es wichtig?

Das Gefühl ist die Basis für das wahre Verständnis. Der Mensch kann nur etwas verstehen, was er empfinden, in was er sich hineinfühlen oder was er mit- und nachfühlen kann. Das tiefe Verständnis für einen Menschen kann nur aus mitfühlender Liebe wachsen. Eine wahre Liebe versteht alles. Eine verständnislose Freundschaft entpuppt sich irgendwann als egoistische Interessengemeinschaft und ist mit dieser Erkenntnis oft beendet.

Das Gefühl ist die Basis für das wahre Verständnis

Das Gefühl ist die Grundlage, um die geistige Welt zu erspüren. Die geistige Welt kann nicht mit dem rationellen Verstand, sondern nur mit dem verstehenden Gefühl ergriffen werden. Man sollte sein Gemüt schulen, um sensibler zu werden und die geistigen Schwingungen zu empfangen. Diese erfährt jeder auf seine Art, in Worten oder Bildern, welche die geistige Welt in das Gemüt hineinlegt.

Die Stärke des Gefühls ist eine Frage der Veranlagung, der Erziehung durch Eltern und Lehrer und ganz besonders der übenden Selbsterkenntnis, Selbsterziehung und Wandlung.

Die Macht des Glaubens kann Berge versetzen. Die Stärke des Gefühles kann geistige Welten öffnen.

Überprüfen wir doch einmal unsere Gefühle, indem wir betrachten, wie die Welt mit ihren Alltäglichkeiten auf uns wirkt.

Jeder findet in seinem alltäglichen Leben genügend Möglichkeiten, die anschließend aufgeführten Punkte aufmerksam zu beachten und gegebenenfalls zu ändern oder zu üben.

Welche Arbeit verrichten wir täglich, und welche Auswirkungen hat ihre Ausstrahlung auf uns? Zieht sie uns in ein kaltes, berechnendes oder oberflächliches und amüsantes Verhältnis zur Welt, oder strahlt sie Harmonie, Liebe und Verständnis aus?

Welche Freunde umgeben uns? Haben wir mit ihnen nur betäubende, ablenkende und leere Gespräche, oder versuchen sie, in ihren Herzen und mit ihren Taten wirklich etwas zu bewegen?

Welche Vorurteile haben wir? Ohne Offenheit allem Neuen gegenüber werden unser Gefühl und unser Geist unbeweglich und fest. Was blockiert unsere Selbsterkenntnis und Wandlung?

Wie sieht unsere Wohnung aus? Welche Ausstrahlung haben die Gegenstände unserer Behausung? Sind sie nur dekorativ, aber kalt und gedankenlos zusammenstellt? Oder wärmen sie unser Gemüt und strahlen sanfte Geborgenheit aus?

Welcher Lärm und welche Laute dringen in unser Gemüt und prägen uns ihre Muster ein? Versuchen wir, uns vorzustellen, welche Musik unsere Seele heilend stärkt und welche uns dahindämmern läßt, unnötig aufwühlt und betörend berauscht. Welche (Kunst-) Gegenstände schmücken unsere Umgebung, und welche Auswirkungen haben sie auf unsere Empfindungen?

Die Eigenschaften von Kunstwerken haben Ausstrahlungen, die sich in die Seele der Betrachter als gute oder schlechte Empfindungen einprägen. Wahrhafte KünstlerInnen stehen in ganz enger Verbindung mit guten Geistigen Mächten, deren Kräfte aus ihren Kunstwerken wirken.

Wer sich selbst überwinden will, muß seinen Willen energisch in die Gedanken tragen und sie dann fühlend durch das Herz wandern lassen, bevor die Entscheidung zur Handlung folgt.

GABRIEL zum Fühlen

„Das Fühlen ist ein Bereich, der dem Menschen manches Durcheinander schafft. Gewaltige Gefühle können dem Menschen falsche Wirklichkeiten vorspielen, und schwache Gefühle lassen den Menschen dahindämmern im Land der Ereignislosigkeit.
Der Mensch soll Gefühle entwickeln, die frisch und frei und ohne übertriebene Wildheit sind."

Die Schulung der Gefühlskräfte
Wer lernt, das Wahre vom Unwahren bewußt zu unterscheiden, entwickelt dabei die Reinheit seines Gefühls.

VERSTÄNDNIS ist eine gute Lehre für die Gefühle, indem man sich in einen anderen Menschen hineinfühlt und versucht, die Welt mit seinen Augen zu sehen und mit seinem Herzen zu empfinden.

Die Welt mit den Augen anderer sehen

SANFTMUT braucht man, um sich einem andersartigen Menschen gelassen zu nähern und um trotz aller Antipathie zu versuchen, ihn so anzunehmen, wie er ist.

ZARTHEIT ist die Grundlage für eine gefühlvolle Beziehung in Liebe und Verständnis zu allen Dingen und Wesen dieser Welt.

MITLEID entsteht aus dem verständnisvollen Hineinfühlen in ein anderes Wesen.

MITGEFÜHL kann nur derjenige entwickeln, der ähnliches erlebt hat und dadurch wirklich mitfühlen kann.

VERTRAUEN ist ein Gefühl, das auf Wahrheit und Glauben basiert.

TREUE stärkt die Gefühlskräfte durch Verzicht auf eigene Forderungen und liebevolles Vertrauen.

Eine Lebensführung in wacher AUFMERKSAMKEIT und mitfühlender Anteilnahme stärkt unser Bewußtsein.

Eine Sensibilisierung unseres TASTSINNS erreichen wir, wenn wir im Dunkeln oder mit geschlossenen Augen verschiedene Gegenstände ertasten oder Arbeiten verrichten. Durch den Tastsinn erleben wir, was in uns selbst vorgeht, wenn wir etwas berühren. Die tastenden Finder empfangen einen Druck, der sich in inneren Bewegungen fortsetzt, die man wahrnimmt.

„Weisheit wird aus den Tränen des Herzens geboren."

DER WILLEN

Willen kommt von Wollen.

Wer sich wirklich den geistigen Welten nähern will, sollte seinen Willen festigen, um so unerschütterlich wie möglich in sich zu ruhen. Damit ist nicht gemeint, mit Scheuklappen durch das Leben zu laufen, sich Neuem gegenüber ablehnend zu verhalten oder auf seinem Standpunkt zu beharren. Echter Willen durchdringt den Menschen ebenso wie das Blut unseren Körper. Er sucht sich unsichtbar einen Weg, so wie auch das Blut Möglichkeiten entdeckt, den Menschen in den kleinsten Durchgängen zu versorgen. Ein Mensch, der weiß, was er will, geht seinen „Weg". Er hält sich von sinnlosen Redereien und unsinnigen Beschäftigungen fern, um seine Zeit bewußt und konzentriert für wirklich wichtige Dinge zu nutzen.

Es ist ein Zeichen von Willensstärke, „an sich selbst zu arbeiten", sich selbst zu überwinden und zu besiegen.

Wenn uns etwas im Augenblick unüberwindbar oder unerreichbar erscheint, dann sollte man immer sagen: „Ich kann es noch nicht." Denn mit dem Wort „noch" läßt man sich selbst die Möglichkeit offen, es doch noch zu schaffen.

Die Entscheidung über das, was wir wollen und was wir nicht wollen, liegt ganz allein nur bei uns selbst

Alle Worte, mit denen wir endgültig feststellen, daß wir etwas nicht können, entmutigen uns innerlich und entfernen uns von dem eines Tages vielleicht doch zu erreichenden Ziel.

Wir ganz allein entscheiden, was wir wollen und was nicht.

Wenn unser Willen so stark geworden ist, daß wir entschlossen sind, den Weg der Liebe zu gehen, werden wir unseren Fehlern gegenüber immer ehrlicher und aufmerksamer. Wenn wir unsere Mängel erkennen, ist das gut, denn nur erkannte Mängel können abgelegt werden.

Oft legt man die kleinen Schwächen am schwersten ab. Es sind eigentlich unsere vielen kleinen Untugenden der Gedankenlosigkeit, Gleichgültigkeit, der Lauheit, der Trägheit und Unachtsamkeit, die unsere Entwicklung aufhalten.

Unser Willen muß stark sein, um diese Schwächen erfolgreich zu ändern und das gleichgültige, bequeme „Sich-dahintreibenlassen" zu beenden.

Das Erkennen unserer Fehler, das Ändern und das Bemühen durchzuhalten bereiten uns letztendlich Freude und stärken unseren Willen.

Unser Willen läßt uns hartnäckig arbeiten, bis wir unser Ziel erreicht haben. Wer kennt nicht dieses erleichternde Gefühl im Herzen, wenn es uns endlich gelungen ist, uns zu einer Tat zu überwinden, vor der uns besonders grauste. Es ist nie so schlimm, wie wir ursprünglich dachten. Nur unser fester Willen kann unsere Furcht und Trägheit überwinden.

Welche Engelsgeduld haben die Himmelsmächte mit uns im Dunkeln tappenden Menschen! Können wir aus dieser göttlichen Geduld nicht lernen, mit anderen Menschen und uns selbst nachsichtig zu sein, Fehler zu verzeihen, toleranter zu werden und an das Gute in uns und in anderen zu glauben?

Die Fähigkeit, den eigenen Gedankenfluß bewußt lenken zu können und auf diese Weise nur das zu denken, was man will, steigert nicht nur den Glauben an sich selbst und damit die innere Gelassenheit, sondern eröffnet ein großes Potential an Kräften. Diese freigewordenen Kräfte, die nun nicht mehr an falsche Gedankengänge gebunden sind, können dann zum eigenen und zum Wohl anderer eingesetzt werden.

GABRIEL zum Willen

„Der Wille ist die Voraussetzung für das richtige Streben nach den guten Tugenden.

Der VERZICHT ist eine Willensschulung.

Die WAHRHEIT ist eine Frage des Willens, und sie ist eine so fundamentale Sache, daß nichts ohne sie gedeihen kann, was göttlich ist.

Die LIEBE stärkt den Willen der Menschen, weil sie ihn durch ihre liebevollen Gefühle im Herzen alle Furcht vergessen läßt, die er sonst empfindet."

Schulung zur Stärkung unseres Willens

Die Wirkung aller selbstgewählten Taten ist dann am stärksten, wenn sie alle Tage zur gleichen Stunde ausgeführt werden.

Regelmäßige Taten, die wir uns selbst auferlegen und deren pünktliche Durchführung wir allein kontrollieren, stärken unseren Willen. Was liegt näher, als jeden Tag zur selben Zeit am Morgen und am Abend ein bestimmtes Gebet zu sprechen und uns damit GOTT zu nähern. Mit unserer eigenen erarbeiteten Regelmäßigkeit nähern wir uns bewußt der bestehenden Regelmäßigkeit im Kosmos. Ein erster Gleichklang beginnt unser Gemüt zu erfüllen.

Mit unserer eigenen Regelmäßigkeit nähern wir uns der Regelmäßigkeit im Kosmos

Wir sollten auch jeden Tag zur selben Zeit eine bestimmte Handlung vollbringen, zum Beispiel ein Tier füttern, meditieren, beten, musizieren o.a. Man kann sogar eine völlig sinnlos erscheinende Tat vollbringen, indem man jeden Tag zur gleichen Zeit das Fenster öffnet und sofort wieder schließt. Dabei geht es nur darum, daß man daran denkt, sein Wollen handelnd mit Händen und Füßen auszuüben. Schöner ist es vielleicht, sich jeden Tag zur gleichen Stunde ein paar Minuten einer Pflanze zu widmen und sich in ihr Wesen zu vertiefen, indem man sich beispielsweise in Gedanken eine Reise durch das Pflanzeninnere vorstellt und dabei empfindet, wie sich das wohl anfühlt und welche Kräfte dort herrschen.

Auch die Handlung, anderen Menschen zuliebe bewußt auf etwas zu verzichten, stärkt unseren Willen.

Die gleiche Bedeutung hat eine gute Tat. Wobei wir dann täglich aufmerksam auf eine Gelegenheit achten sollten, die uns die Möglichkeit gibt, sie vollbringen zu können.

Man kann eine Woche lang bewußt auf das allabendliche Fernsehen, auf das übliche Glas Wein bzw. Bier verzichten, seiner Lieblingsnascherei widerstehen oder das Rauchen der ersehnten Zigarette unterlassen etc.

„Der Eissplitter in Deinem Herzen schmilzt, wenn Du Mut faßt, Dein Herz der Liebe, der Sonne und der Verletzlichkeit zu öffnen."

Es gibt verschiedene Möglichkeiten, mit seinem Engel Verbindung aufzunehmen

Die Voraussetzung für jegliche Versuche, wirklich mit Engeln und nicht versehentlich mit Foppgeistern oder Dämonen in Verbindung zu treten, ist unser Bestreben, wahrheits- und liebevoll zu leben.

Nur wer ehrlich darum bemüht ist, den geistigen Weg zu gehen, sollte versuchen, mit seinem Engel Kontakt aufzunehmen.

Die Leber ist das Empfindungsorgan für unsere „Hellfühligkeit", das „Hören" der geistigen Welt, für unsere innere Stimme. Alkohol, Drogen, Medikamente, Gifte (auch falsche Ernährung) belasten die Leber als Stoffwechselorgan, und sie ist nur noch mit dem Abbau dieser Giftstoffe beschäftigt. Außerdem betäuben und schwächen die genannten Substanzen unser Bewußtsein und verfälschen unsere Gefühle.

Die Leber empfindet die Botschaft aus der geistigen Welt, und auf dem Weg zu unserem Kopf wird sie in wunderbarer Weise in unsere jeweilige Sprache umgesetzt. Bilder und Stimmen aus der geistigen Welt kann man nur empfangen, wenn man innerlich leer wird, das heißt ohne eigene Gedanken und Emotionen ist. Sonst besteht sehr leicht die Gefahr, seine eigene Wunschvorstellung und die eigenen Gedanken wahrzunehmen.

Wenn ich meinen Willen in meine Gedanken trage und nur konzentriert das denke, was ich will, dann sehe ich vor meinem inneren Auge nur noch ein helles Licht, auf das ich mich konzentriere.

Engel, noch tastend, 1939, 1193 (MN 13), 29,4 x 20,8 cm, Fettkreide, Kleisterfarbe und Aquarell auf Papier, Privatbesitz Schweiz

Als ich geistige Hilfe brauchte, habe ich die nachfolgenden Meditationen vor meinem inneren Auge gesehen und sogleich ihre Wirkung empfunden. Ich habe diese Meditationen bekommen, um verlorene Kräfte zu erneuern, Gedankengänge willentlich und bewußt zu lenken sowie die Konzentration zu verstärken.

Ein helles Licht vor meinem inneren Auge

Die Feuerspirale zum Erneuern der Kräfte

Die Spirale hat im Kosmos eine ganz besondere Bedeutung. Spiralen stehen in Beziehung zum Wirken des Engelchores der Throne (vgl. Kap. über Hierarchienlehre, Throne). Die größte Spirale ist wohl jener Riesenwirbel, auf dessen Rundung unser ganzes Sonnensystem liegt. Wirbelstürme und Wasserstrudel sind Spiralen in der Natur. Viele Pflanzen wachsen spiralig, und ihre Samen trudeln in Spiralen zur Erde nieder. Schnecken haben wunderschöne spiralförmige Häuser. Das astrologische Zeichen für den Krebs besteht aus zwei gegeneinander gerichteten Spiralen. Unser Schicksalsweg, von Hundertwasser in seinen Bild „Der Weg" sehr gut dargestellt, läuft gewissermaßen auch in Form einer Spirale.

Doch nun zu meiner Meditation:

Ich stelle mir vor, von unten in eine feurig glühende Spirale aus dem rötlichen Licht der aufsteigenden Morgensonne hineinzuschweben. Diese trichterförmige Spirale ist nach unten hin geöffnet und wird nach oben immer schmaler, bis sich der spiralig windende Wirbel in weiter Ferne an die göttliche Energiequelle der geistigen Sonne anschließt. Die Rundungen der feurigen Spirale ohne Boden umschließen den ganzen Körper.

In die aufsteigende Morgensonne hineinschweben

Zur Kontrolle, daß ich in dieser Kraftspirale nicht gefangen bin, sondern mich freiwillig darin befinde, kann ich meine beiden Arme und Beine für einen Augenblick durch den Spiralenlauf strecken. In dieser sonnendurchglühten Riesenspirale, die uns rundherum schützend umhüllt und uns mit göttlicher Lichtkraft durchstrahlt, erhalte ich eine Erneuerung meiner Kräfte. Ich atme ruhig und gleichmäßig die uns umkreisenden Ströme geistiger Sonnenkräfte ein und spüre, wie der abgeflaute Energiestrom in mir „aufgeladen" wird.

Die Sonnenblumenmeditation

Es ist eine hilfreiche Gedanken- und Gefühlsübung, wenn wir uns in die verändernde Lebensform und den Wachstumskreislauf einer Pflanze hineindenken und zu spüren versuchen, wie sich das Leben in solch einer Daseinsform anfühlt.

Wir können bildhaftes Denken üben, indem wir uns in eine Sonnenblume hineindenken und eine Reise durch diese Blume machen.

Am schönsten ist es, bei dieser Übung inmitten eines wogenden Sonnenblumenfeldes zu stehen. Aber natürlich genügt schon eine einzelne Sonnenblume, die aufmerksam betrachtet wird, bevor die Augen geschlossen werden und die Gedankenreise beginnt. Selbstverständlich kann diese Übung auch ohne das Vorhandensein einer Sonnenblume, ganz aus dem Geist heraus, durchgeführt werden.

Die Reise beginnt in dem kleinen, harten Sonnenblumenkern, der im weichen, warmen und feuchten Erdreich aufspringt und gemäß seiner Pflanzeninformation, seinem Geist, nach unten Wurzeln und nach oben den Pflanzenkeim treibt. Die unzähligen, schlangenartigen Saugschläuche winden sich in mannigfaltigen Formen in das Erdreich, um für die durstige und hungrige Blume möglichst viel Wasser und Nahrung zu finden. Die vielen dünnen Fasern der Kanalwurzeln halten gemeinsam fest zusammen und bilden einen starken Wurzelballen, der sich zäh und unerschütterlich mit der Scholle verbindet. Kein Sturm kann ihn umstoßen. Aufrecht steht die Sonnenblume mit erhobenem Haupt auf ihrem festgegründeten Wurzelwerk.

Wir wandern weiter und schlängeln uns gedanklich durch die dünnen Wurzelkanäle. Wir fühlen, wie fest sie sich mit der lebenspendenden Erdkrume verbinden. Die sichtbare Pflanze kann nur deshalb so aufrecht stehend blühen und Früchte bilden, weil ihre unsichtbare Basis gut gefestigt ist. Sonst würde sie umkippen und verfaulen. Versuchen wir, die Festigkeit des Wurzelballens, seine Verbundenheit mit der Erde zu empfinden. Und denken wir daran, auch wir können nur reifen, wenn unser Geist und unsere Seele in sich gefestigt und heil sind.

Aus dem Geist der Wurzel wächst die Sonnenblume der Sonne entgegen. Wir schlüpfen in den Stengel und fühlen die harten Fasern, die Enge und die nach oben gerichtete Wachstumskraft. Wir tasten uns in den langen Faserkanälen langsam in dem dunklen, festen Stiel empor. Kurz vor dem Blütenkelch macht der Stengel einen kleinen Bogen, und dann springen wir hinaus

Sonnenblumenengel

ins Freie, in den leuchtenden Kronenkranz der flammenden, goldgelben Blütenblätter, Spiegelbild der strahlenden Himmelssonne. In diesen samtenen Blättern folgen wir ihrer wunderschön geschwungenen und strahlenförmig spitz zulaufenden Form. Wir arbeiten uns gedanklich von einem Blütenblatt zum nächsten vor. Ein jedes ist ein klein wenig anders geformt und hat eine andere Spannkraft. So wandern wir fühlend durch das sonnengelbe Rund des wie Feuerzungen nach oben flackernden Blütenkranzes. Wir können den äußeren Kreis, wie eine endlose Spirale, beliebig oft entlangspazieren.

Wir tasten uns empor

Wenn sich ein Gefühl der tiefen Ruhe und Zeitlosigkeit im Gemüt eingestellt hat, dann schlüpfen wir in die Mitte des Blütenkranzes, in die wohlgeordnete Samenscheibe und dann in ein Samenkorn. Wir fühlen das weiche, fruchtbare Innere. In den geordneten Samenreihen geht die Gedankenreise rhythmisch in schwungvollen Bögen über und zwischen den harten Körnern entlang.

Wir verbinden uns gedanklich mit der Mutter Erde

Schließlich lösen wir uns – mit einem der Sonnenblumenkerne – aus den Reihen der anderen Samen und lassen uns hinunter auf die Erde fallen. Dort ruhen wir eine Weile tief atmend, treiben als Samenkorn Wurzeln, verbinden uns gedanklich mit der Mutter Erde. Wir schicken kraftvoll eine neue Sonnenblume himmelswärts, durch deren Stiel die Reise gleich oder ein anderes Mal wiederholt werden kann.

Die folgende Rosenmeditation kann als Vorbereitung für Engelkontakte praktiziert werden, ebenso wie zur allgemeinen Erneuerung unserer Kräfte.

Die Rosenmeditation

GABRIEL gab mir von der Liebe und der Rose das folgende Gleichnis
„Die Liebe ist wie eine Rose, die geduldig wartet, bis ihre Zeit gekommen ist und dann in voller Herrlichkeit erblüht. Der Stich ihrer Dornen ist schmerzhaft, aber ihre Schönheit läßt den erlittenen Schmerz verzeihen. Immer wieder erneuert ihr wundervoller Duft unser Gefühl des Vertrauens zu der Königin aller Blüten, der Rose, und der Liebe."

Wir beginnen in Gedanken, auf dem Rand eines der äußeren Rosenblätter entlang zu spazieren: aus dem Dunkel des tiefen Blütengrundes, wo es zusammengepreßt mit allen anderen Blattansätzen steckt, hinauf in die lichte sonnige Höhe. Wippend und wiegend tanzen wir im Winde auf dem schmalen Grad oder schreiten in der Windstille gelassen Schritt für Schritt auf dem frischen, festen Blütenblatt, um dann wieder zum Blattansatz hinabzugleiten und erneut, dem nächsten Rosenbogen folgend, zum Lichte emporzusteigen. Rosenblatt reiht sich an Rosenblatt. Je weiter wir dem Auf und Ab der Blattränder folgen und in das duftige Blütenrund tauchen, um so enger werden die Kreise. Wir nähern uns dem

Im Schoße der Rose läßt es sich gut ruhen

Mittelpunkt der Rose, ihrer goldenen Sonne. Wir stehen mitten in dem samtigen, gelbgoldenen Strahlenbündel ihrer Schatzkammer. Auf dem weichen Lager im Schoße der Rose läßt es sich gut ruhen. Verborgen im Schutze dichter Reihen feinster Blütenblätter liegen wir im goldenen Kelch der Rosenkönigin.

Hier drinnen werden wir selbst zum Kelch, bereit, geistige Kräfte von Engeln wahrzunehmen. In das Sonnengelb des Rosenheiligtums gehüllt, kann man gut mit Engeln reden.

Rosenengel

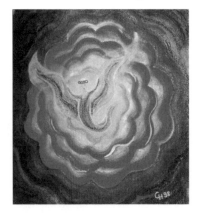

GABRIEL zur Rose
„Die Rose gehört der Königin,
so wie der Sonnenstrahl dem König gehört.
Der König liebt den Glanz der Sonne mehr und
die Königin die Schönheit und den Duft der Rose."

Die folgende Sonnenlichtmeditation dient als Ausgangsbasis zum „Sehen" innerer Bilder.

Die Sonnenlichtmeditation

Diese Form der Imagination gibt geistige Kraft und führt in den Basiszustand für das Empfinden und Sehen innerer Bilder:

Wir lassen die helleuchtende Sonne, die ihre Strahlen auf die Erde schickt, am Horizont aufgehen. Auf einem dieser Strahlenbündel laufen wir dann Schritt für Schritt hinauf in das weiß-gelbe Sonnenlicht. Mit jedem vorwärtsgehenden Schritt wird es vor den Augen heller und heller. Schließlich stehen wir mitten in der Sonne, und das gleißende Sonnenlicht umschließt und durchflutet uns, bis wir eins sind mit dieser Lichtquelle.

Dann ist unser ganzes Empfinden lauschend nach innen gerichtet. Dieses Lauschen ist ein Gefühl, als würde von unseren beiden Ohren eine innere Verbindung zum Herzen und gleichzeitig zum Universum bestehen.

Wenn wir in den gleißenden Strahlen der Sonne eins werden mit der Sonnenlichtenergie, sollten wir einen Augenblick ohne eigene Gedanken oder Fragen dieses Einheitsgefühl still in uns walten lassen.

Man kann die Sonnenlichtmeditation auch ohne den Wunsch, innere Bilder zu bekommen, machen. Sie erfüllt und umhüllt mit einem Kraftstrom, der geschwächte Energien erneuert.

Wer nun eine Weile geruhsam in dem hellen Licht der Sonne geatmet hat, kann seine Frage stellen und um eine bildhafte Beantwortung bitten. Oft kommt nur blitzartig eine Imagination, für Bruchteile von Sekunden, die vor unserem geistigen Auge sichtbar wird. Dann sollte ein Dank für die Antwort folgen und die Sonnenmeditation beendet werden.

Die Sonnenlicht-meditation erfüllt und umhüllt uns mit einem Kraftstrom

Dieses innere Bild kann auch nach der Meditation jederzeit abgerufen und nach Bedarf immer wieder in Ruhe betrachtet werden. Man sollte es wohlüberlegt interpretieren.

„Tritt hinaus ins Licht!
Der Weg zum Vater
ist ein klarer,
wahrheitsvoller
Lichtweg der Liebe.
Weißt Du,
was zählt
am Lebensende,
am Fuße seines Thrones?
Einzig und allein die Liebe!"

Kapitel 4

Dem Engel begegnen

Engelbotschaften sind immer Seelenbilder, die der Engel in unser Gemüt gemalt hat

Somit ist ihre Botschaft oft versteckt. Jeder Mensch kann sie nur für sich selber interpretieren lernen. Die imaginativen Darstellungen haben für jeden eine andere Bedeutung.

Die Deutung sollte mit einem tiefen Wahrheitswillen verbunden sein. Der Frager sollte unbedingt Mut zu jeglicher Wahrheit haben. Sonst besteht die Gefahr, sich selber zu belügen.

Wir müssen uns selbst die ehrliche Frage stellen: Welche Auswirkungen kann die Botschaft auf meine Gefühle, Gedanken, Lebensumstände und auf mein Schicksal haben?

Wir verstehen und empfangen Engelbotschaften mit unserem sensibilisierten Gemüt. Es ist sehr wichtig, alle erhaltenen Botschaften aus der geistigen Welt mit unserem rationalen, wachen Geist zu durchdenken und ehrlich zu überprüfen.

Engelbotschaften müssen der Überprüfung durch unseren wachen Geist standhalten

Inhaltsüberprüfung der Engelbotschaften

Bei jeder Botschaft aus der geistigen Welt sollte der Inhalt genau überprüft und nicht etwa blind geglaubt oder ungenügend bzw. bewußt falsch interpretiert werden. Alle empfangenen Bilder, inneren Stimmen, Träume, Sternenauskünfte, Pendelaussagen etc. müssen so objektiv wie nur irgend möglich auf ihre Wirkungen überdacht werden, die sie in uns erzielen. Botschaften von Engeln erkennen wir immer daran, daß sie helfen, unsere Tugenden zu stärken.

Botschaften, die Untugenden in uns ansprechen und dadurch schlechte Eigenschaften in uns wachrufen oder gar fördern, sind allesamt von Dämonen bzw. von schwarzen, gefallenen Engeln, die unsere Entwicklung zum Guten hin verhindern wollen.

Grundsätzlich sollte gefragt werden:

Welche Gefühle ruft der Anblick eines bestimmten inneren Bildes, einer Imagination in meinen Gefühlen hervor? Diese

Illustration inke Seite:
Engel im Mond

Gefühle sollten wir in Worte fassen, denn sie könnten die Antwort auf unsere Frage sein.

Blendet mich die Botschaft vielleicht, weil ich genau diese Worte gerne hören wollte? Trennt sie mich von wichtigen Erfahrungs- und Entwicklungsmöglichkeiten ab? Bedeutet sie vielleicht nur auf den ersten Blick eine Förderung meiner guten Eigenschaften, und ist sie in Wirklichkeit der Wolf im Schafspelz? Welche Bedeutung liegt in dem empfangenen Wort, Begriff oder Bild, und was bedeutet das speziell für mich? Welche wichtige Schlüsselrolle verbirgt sich dahinter?

Wir merken, daß es nicht allein mit der Selbsterziehung und dem Empfangen von Botschaften aus der geistigen Welt getan ist, sondern daß jede Aussage mit unserem vollen Bewußtsein und der größtmöglichen Genauigkeit und Ehrlichkeit betrachtet werden sollte. Auch dabei muß unser inneres Wunschdenken ausgeschaltet und unser Gefühl für die Hingabe an Gott und die Engel erfüllt sein.

Die Astrologie

Die Astrologie zeigt das Wesen, die Veranlagungen, die Lernaufgabe und damit gewissermaßen das Schicksal der Menschen anhand der Gestirnstellungen zu ihrem Geburtszeitpunkt. Die Gestirne bewegen sich und stehen in einem bestimmten Ordnungsprinzip zueinander. Die von den Engelhierarchien erstellte und geleitete Weltenordnung wird uns sozusagen durch die Astrologie gezeigt.

Wenn die Seele aus der geistigen Welt durch den Tierkreis, der die Erde umschließt, auf die Erde zurückkommt, dann sucht sie genau den Weg durch die Sterne, der sich aus den Errungenschaften aller ihrer gelebten Leben und der Aufgabe für das neue Erdendasein ergibt.

Ein Horoskop, das anhand der Geburtsdaten eines Menschen erstellt wird, sagt alles über seine mitgebrachten Veranlagungen und Begabungen aus. Das Milieu, das Niveau und auch das Geschlecht sind aus dem Sternenstand jedoch nicht erkennbar.

Astrologie zeigt uns die Themen unseres Lebens Es zeigt uns die Themen, die uns zu bestimmten Zeiten unseres Lebens als zu lösende Schicksalsaufgaben begegnen und erlöst werden müssen.

Im Leben kann jederzeit für eine bestimmte Situation ein Horoskop erstellt werden, das aufgrund bestimmter Sternenkonstellationen sagen kann, für welche Aufgaben oder welche Vorhaben der Augenblick günstig oder ungeeignet ist.

So sollte uns die Astrologie in gewisser Weise als Hilfsmittel dienen, unser Schicksal erkennen und annehmen zu können. Wenn wir unsere „Aufgabe" erfüllt haben, können wir sie dem Sinn des Wortes nach endlich „aufgeben".

Die Sterne werden seit Jahrtausenden beobachtet, und die Regelmäßigkeit ihrer Bahnen läßt darauf schließen, wie ihr Stand im Verhältnis zum Leben eines Menschen wirkt. Die Stern-bilder zwingen den Menschen zu keiner Handlung. Aus ihrer Konstellation erkennen die beobachtenden Astrologen aufgrund ihrer Erfahrungen, welche Aufgaben und Begebenheiten auf die jeweilige Person zukommen. Die Sterne ermöglichen keine detaillierte Voraussage für das Schicksal eines Menschen, sie teilen uns lediglich den Zeitpunkt und die Möglichkeit einer Entwicklung mit. Was er tatsächlich mit diesen Botschaften anfängt, bestimmt ein jeder selbst und webt dadurch sein Schicksal durch seine Gedanken und Handlungen ganz alleine.

Einst wurde zwar im Himmel beschlossen, welche Lernmög-lichkeiten der Mensch während seines Erdendaseins unbewußt anziehen sollte, um den Mangel in sich auszugleichen, aber nichts zwingt den Menschen, die Lernaufgaben tatsächlich zu bewältigen. Die **all**wissende **All**macht weiß schon vor unseren Entscheidungen hier auf der Erde, wie wir handeln werden. Aber dieses Wissen der Geisteswelt beeinflußt uns nicht, da es uns Menschen während unseres Erdendaseins verborgen ist und nur selten – in Bruchstücken – offenbart wird.

Der Sternenhimmel ist für den Menschen eine Hilfe, seine Lernaufgaben besser er- und begreifen zu können. Bei der Bot-schaft der Sterne handelt es sich um eine liebevolle Hilfe der Allmacht, uns auf ein verborgenes Wissen über uns selbst hin-zuweisen. Die Sterne bestimmen nicht unser Leben, sondern helfen uns nur, unsere Aufgabe unverzagt zu erkennen und annehmen zu können. Mit dem Sternenwissen ist es oft leich-ter, die Unebenheiten des Lebens zu meistern, denn wenn der Mensch weiß, worauf er achten muß, nimmt er manche Bege-benheit bereitwilliger und verständnisvoller auf.

Die Sterne bestimmen nicht, sondern zeigen Chancen und Herausforderungen

Der Traum

Der Traum ist ein bedeutender Bereich, in dem Engelbotschaften in zu erfühlenden Bildern übermittelt werden. Wenn wir schlafen, liegt nur noch unser Körper mit den pulsierenden Lebenskräften im Bett. Unsere Seele und unser Geist, die Träger unseres Ichs, lösen sich von der schlafenden Materie und weilen im Reich des Geistes, das sich in unseren Gedanken und Empfindungen offenbart. Die Engel wirken während unseres Schlafes in unserem Astralleib (dem unsichtbaren „Leib" unseres Geistes und unserer Seele). Mit Traumbildern erinnern sie uns an unsere im Tagesbewußtsein vergessenen Aufgaben (vgl. Abschnitt „Der Engel in unserem Höheren Selbst").

Engel wirken während des Schlafens in unserem Astralleib

Um gezielt Traumbilder zu erhalten, gibt es einen achtgliedrigen Pfad und seine Metamorphosen. Man sollte an jedem Tag der Woche eine bestimmte Übung machen. Folgendes ist zu üben:

Traumübungen für jeden Tag der Woche

Montag – Werde am Montag zum Menschen des „rechten Wortes"! Achte darauf, was Du sagst. Mache nicht zu viele und nicht zu wenige Worte. Schweige, statt um des Redens willen zu sprechen. Und wähle Dir einige wenige Minuten am Tage aus, an denen Du Dir ein Wort überlegst, das einem Dir nahestehenden Menschen Freude macht.

Man nennt diese Übung auch das rechte Wort zur rechten Zeit.

Dienstag – Werde am Dienstag zum/zur „RechnerIn". Berechne die Folgen Deiner Handlungen und erwäge sorgsam die Konsequenzen einer geplanten Tat. Suche während einiger weniger Minuten am Tag nach einer Handlung, die einem Dir Nahestehenden Freude bereitet.

Man nennt diese Übung auch die rechte Tat.

Mittwoch – Werde am Mittwoch zum/zur „DenkerIn"! Das richtige Denken vermittelt zwischen Geist und Natur, zwischen Begriff und Wahrnehmung. Hierzu sollte die Umgebung genau beobachtet und die gemachten Beobachtungen mit dem richtigen Begriff verbunden werden. Tue etwas, das die Natur erfreut, weil es ihrem Wesen entspricht, und sei es auch nur, daß Du die Schönheit einer Blume bemerkst.

Man nennt diese Übung auch, den rechten Standpunkt zwischen Geist und Natur zu haben.

Berglandschaft

Donnerstag – Werde am Donnerstag zum/zur „GeometerIn"! Sei ein Mensch mit Augenmaß! Erwäge Deine Handlungen und Ziele im Hinblick auf die Dir zur Verfügung stehenden Kräfte und Möglichkeiten. Wer das rechte Maß in seinen eigenen Angelegenheiten besitzt, kann auch anderen beratend helfen.
 Daher heißt diese Übung auch das rechte Streben.

Freitag – Verwende den Freitag dazu, wenigstens für 5 Minuten zum/zur „DichterIn" zu werden und das wahre Wesen aller Dinge auszusprechen. Wer DichterIn sein will, sollte sich des wahren Wesens der Dinge erinnern. Vertiefe Dich für einen Augenblick in das wahre Wesen eines Dir nahestehenden Menschen und versuche, ihm etwas zu sagen, das ihn wirklich berührt!
 Diese Übung wird auch das rechte Erinnern genannt.

103

Samstag – Werde am Samstag für kurze Zeit zum/zur „Astronomln"! Denke nur solche Gedanken und fälle nur solche Urteile, die auch morgen noch Bestand haben, weil sie „feststehen" wie die Fixsterne am Himmel. Achte auf alle abfälligen und voreiligen Urteile. Versuche, und sei es auch nur für einige Minuten, Deinen Gesprächspartnern vorurteilslos und offen zu lauschen, ehe Du beurteilst, was sie sagen.

Damit befindest Du Dich inmitten der Übung des rechten Meinens.

Sonntag – Werde am Sonntag schließlich zum/zur „Musikerln"! Schwinge mit allen Lebensrhythmen mit, und sei es auch nur für wenige Augenblicke. Lasse Dich von Takt, Rhythmus und Melodie bewegen, die aus Gottes weiter Welt und aus allen Geschöpfen ertönen und klingen. Fasse Deine Entschlüsse in Harmonie und Einklang mit Deiner ganzen Umgebung und halte daran fest.

Dann übst Du das rechte Entschließen.

GABRIEL gab mir über das Traumgeschehen folgende Botschaft

„Der Mensch kann vor dem Schlafen durch ein Gebet in Harmonie mit der himmlischen Welt Verbindung aufnehmen. Nach dem Gebet kann er seinem Engel die Frage laut vortragen und diesen Gedanken mit in den Schlaf nehmen. Er wird die Antwort auf seine Frage im Traum erfahren. Manchmal sind am nächsten Morgen alle Bilder verschwunden, und nur ein gutes Gefühl ist in Erinnerung geblieben, daß alles gutgehen wird. Die Voraussetzung dafür ist allerdings, daß der Mensch vor dem Einschlafen wirklich an nichts anderes denkt und seine Gedanken das Bild seiner Frage ganz klar festhalten. Gedankenwirbel und abschweifende Träumereien lassen falsche Traumbilder entstehen. Wenn ein tugendsamer Mensch diese Art der Engelsverbindung gut übt, kann er schöne Erfolge erzielen. Er wird dann plötzlich lange vor dem üblichen Aufstehen erwachen und kann sich sehr deutlich an seine Träume erinnern. Bevor er wieder einschläft, sollte er die Traumbilder leise vor sich hinsprechen oder aufschreiben. Dann kann er sich am Morgen noch gut daran erinnern. Traumbilder sind immer eine gefühlsmäßige Angelegenheit."

Für unseren Engel ist es eine Freude, wenn wir seine Botschaften erahnen

Wenn der Mensch fühlt, was der Engel ihm sagen will, sollte er sich danach richten, denn vergebliche Engelbotschaften sind eine traurige und undankbare Sache. Der himmlische Helfer wird mit lautem Ruf herbeigeholt und dann wieder vergessen. So darf ein Mensch nicht handeln. Auf dem Weg der Liebe zu schreiten bedeutet auch, eine große Liebe und Dankbarkeit für seinen Engel in sich zu fühlen. Der Engel wird uns behüten, solange wir ein Schicksal zu leben haben. Wie schrecklich ist es, nach unserem Tod im Jenseits einen enttäuschten Engel vorzufinden. So sollte der Mensch immer alles im großen Zusammenhang sehen und erkennen, wie das Leben nach dem Tod weiterwirkt, weil das Dies- und Jenseits verbunden sind.

Alpträume

Auch die unerwünschten Alpträume enthalten Lernbotschaften. Denn auch für diese erdrückenden und belastenden Träume gilt: Nicht der weltliche Verursacher für unsere schrecklichen Träume ist an ihnen schuld, sondern wir bestimmen, ob wir sie weiterhin zulassen und erdulden oder an uns arbeiten, damit ihre Aufgabe erledigt ist und sie weichen können. Wir können versuchen, ihre versteckte Botschaft zu erkennen, sie bewußt auflösen, indem wir sie annehmen und ihnen damit ihre Existenzgrundlage nehmen.

Alpträume enthalten Lernbotschaften

So schmerzhaft es für manche grausam von Alpträumen gepeinigten Menschen klingt: Die einzige Möglichkeit, die Qualen der Alpträume zu beenden, besteht darin, daß man die Bildbotschaft zu verstehen versucht und sich nicht von ihr Angst machen läßt, sondern versucht, sie schon im Traum zu betrachten. Sie nicht verdrängt, sondern begrüßt. Sie regelrecht anspricht, und sie bittet, sich aufzulösen oder davonzufliegen. Im Traum ist alles möglich. Nur wenn wir vor Angst erstarren, bleiben die bösen Quälgeister bei uns. Wenn wir ihnen mit Gelassenheit begegnen, ihre Ursachen in unseren Lebensumständen oder in unseren Gedanken ergründen, können wir die Traumgespinste beenden.

Mit aller Kraft und Ehrlichkeit müssen auch die schlimmsten Alpträume in Ruhe betrachtet und ihre Ursachen erkannt werden.

Symbole als Träger unserer Schutzgedanken

In früheren Zeiten malten die Menschen einen Fünfstern (den sogenannten Drudenfuß) zum Schutz gegen böse Geister über die Wiegen ihrer Kinder, über die Türen ihrer Ställe und über ihre eigenen Schlafstätten. Die Goten sammelten vom Wasser glattgeschliffene Steine, die ein durchgehendes Loch hatten, und legten diese „Drudensteine" zum Schutz gegen Druckgeister (got. trudan = treten) neben ihre Ruhelager.

Solche uralten Symbole sind ebenso wie das Kreuz archetypische Formen, mit denen wir Menschen den Gedanken des Schutzes verbinden. Wir fühlen uns von diesen Symbolen letzt-

105

endlich beschützt, weil wir ihnen diese Kraft „zudenken". Dieser Glaube läßt tatsächlich eine Schutzwirkung entstehen. Unsere eigene und unser aller Gedankenkraft, die durch diesen Glauben entsteht, ist gewissermaßen unser Schutz.

Unsere eigene Gedankenkraft ist unser Schutz

So ist es ein gutes Mittel gegen Alpträume, an die Wand über unserem Kopf ein Kreuz oder kunstvolles Heiligenbild, zum Beispiel Raffaels Madonna mit dem Kind, aufzuhängen. Wer zu Steinen einen Bezug hat, kann in Gottes Naturschöpfung einen Lochstein finden und ihn zum Schutz hinlegen.

Die Aura von Engel und Mensch sehen

Wer die Begabung hat, die Aura von Menschen zu erkennen, kann meistens auch die Aura der Energiefelder von Engeln sehen.

Wer die Aura von Menschen sehen kann, vermag dies meist auch bei Engeln

Die Aura zeigt sich mir als ein unterschiedlich farbiger, nebelartiger Streifen, der die Umrisse des menschlichen Körpers umgibt. Auf religiösen Bildern aller Kulturen werden manche Menschen, zumeist Heilige, mit einem Heiligenschein dargestellt (vgl. Kap. „Die Flügel der Engel").

Um zu lernen, die Aura wahrzunehmen, sollten bestimmte Tugenden ganz besonders geübt werden.

In dem Buch von Rudolf Steiner „Wie erlangt man Kenntnisse der Höheren Welten", studierte ich einige Übungen zu diesem Thema. Nachdem ich sie geraume Zeit in meinen Alltag einbezogen hatte, begann sich diese Fähigkeit ganz langsam in mir zu entwickeln.

Ich versuchte, im täglichen Leben auf Folgendes zu achten:
1. Alles gedankenlose Herumschauen und Herumhören vermeiden. Nur das ist wichtig, worauf Auge und Ohr gerichtet sind. Eindrücken, die man nicht empfangen will, verschließt man sich.
2. Man setzt sich einen Gedanken vor und versucht, nur das weiterzudenken, was ganz bewußt und in völliger Freiheit an diesen Gedanken angegliedert werden kann, das heißt, ohne auf die Erinnerung ähnlicher, bereits erlebter Ereignisse zurückzugreifen.
3. Hat man eine bestimmte Antipathie gegen irgend etwas oder irgend jemand, so bekämpft man sie und bemüht sich, eine bewußte Beziehung zu dem Betreffenden herzustellen, indem man die guten Eigenschaften zu er- und anzuerkennen ver-

106

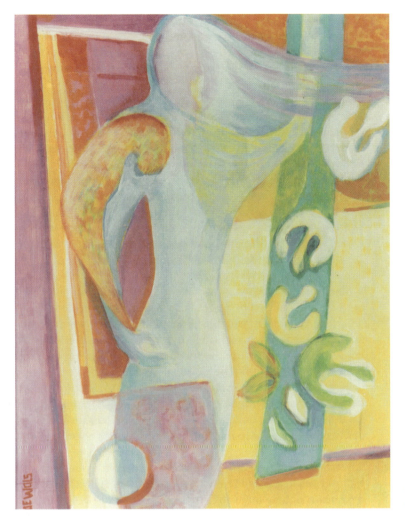

*El Angel,
unsichtbar für die Welt*

sucht. Je länger ich diese Übung machte, um so weniger Kraft kostete mich meine innere Überwindung, den Menschen, die mir dummdreist, betrügerisch und unverschämt begegneten, bei jedem weiteren Zusammentreffen mit freundlicher Offenheit gegenüberzutreten. Durch diese Übung mischen sich immer weniger unbewußte Elemente in unser Seelenleben.

Eine achtsame und aufmerksame Lebensführung muß gelebt werden, indem ganz energisch alles ferngehalten wird, worauf keine Aufmerksamkeit verwendet werden soll.

Achtsamkeit ist der Schlüssel

**Selbsterziehung und
Meditation**

4. Diese Selbsterziehung kann gut mit der Meditation kombiniert werden. Aber kein gedanklich treibenlassendes Meditieren ist hier gemeint, sondern ein aktives Imaginieren (zum Beispiel die Sonnenblumen-, Rosen- oder Sonnenlichtmeditation).

Wem es gelingt, diese Fähigkeiten zu schulen, der könnte die Möglichkeit haben, das geistige Licht und die Farben anderer Wesen, eben deren Aura, wahrzunehmen. Dadurch wird die Rolle der Tiere, Pflanzen und Minerale erkannt. Außerdem werden die verborgenen Eigenschaften anderer Seelen sowie deren Fähigkeiten und Talente entdeckt.

Wer die Aura anderer Menschen erkennen will, sollte wie bei jeder Verbindung mit der geistigen Welt sein eigenes Denken einstellen und gelassen für neue Impulse und Einfälle empfangsbereit sein.

Man erkennt die Aura nur fühlend, indem man seine Augen betrachtend auf den Konturen, zum Beispiel eines Menschenhauptes, ruhen läßt. Dabei sollte darauf geachtet werden, daß sich der eigene Blick nicht auf das tatsächlich zu Sehende im Vorder- oder Hintergrund heftet. Denn sobald wir mit unseren Augen greifbare, stoffliche Gegenstände fixieren, wendet sich unsere Aufmerksamkeit diesen Dingen zu und die Information der vorhandenen Materie erfüllt unseren Geist. Dann fallen wir ins Irdische zurück und verlieren die innere Konzentration, mit der wir in unserem Gemüt auf Seelenbilder der geistigen Welt warten.

Wem es gelingt, sein Bewußtsein konstant in der inneren Haltung des Verharrens zu halten, dabei gewissermaßen in sich hineinzulauschen und trotzdem die Kopfkonturen desjenigen zu fixieren, dessen Farbaura er sehen möchte, dem wird sich nach einiger Übung plötzlich ein nebelartiger, ringförmiger Reif um den Kopf des anvisierten Menschen zeigen. Dieser Nebelschweif hat von seiner Konsistenz und Farbigkeit große Ähnlichkeit mit einem Regenbogen.

**Die Aura sieht, wer
eigenes Denken losläßt
und seine intuitiven
Kanäle öffnet**

Als ich in meinen Leben das erste Mal eine Aura erblickte, saß ich in einer schlichten Kapelle und nahm an der Trauerzeremonie einer katholischen Beerdigung teil. Der junge Priester stand mit dem Rücken zu uns Trauergästen, schaute auf den mit Blumen geschmückten Sarg und sang mit einer wunderschönen und klaren Stimme ein Lied. Sein Gesang war so innig, so hingebungsvoll, daß die Klänge meine Seele berührten. Ganz konzentriert schaute ich auf die Konturen seines Hauptes, bis ich einen goldgelben Lichtstreifen, in Form eines Heiligenscheines, um seinen Kopf schimmern sah. Auch die Köpfe der drei trauernden Familienangehörigen waren von einem Dreiviertelkreis aus Licht umgeben, allerdings waren deren „Heiligenscheine" viel schmaler und von einer zart hellgelben Farbe.

GABRIEL sagte am Abend dazu Folgendes

„Du wirst es immer öfter sehen, wie einen Sonnenstrahl im Schatten der Bäume. *(Tatsächlich sah die Aura wie schimmernde Sonnenstrahlen im Waldesdunkel aus.)* Du hast es gelernt zu schauen und zu sehen, und nun lerne, genauer zu fühlen.

Die Scheinstreifen sind die genaue Aussage der Gefühle eines Menschen, ohne Lüge, die reine Wahrheit. Dieser Schein trügt nie, sondern ist ehrlicher als das gesprochene Wort. Das Scheinfeld ist die Ausstrahlung der Energie eines Menschen. Der ganze Streifen ist eine sichtbare Fläche der inneren Kraft. Dein Streifen ist ein heller Reif, dick wie Dein Arm, der handelt."

> **Die Aura ist wie ein Sonnenstrahl im Schatten der Bäume**

Die mediale Technik des Pendelns

Eine Methode von vielen möglichen, die ich für mich gewählt habe, ist das Pendeln. Es soll aber auch an dieser Stelle gesagt sein, daß es andere, sehr gute und auch im biblischen Sinn bestätigte Methoden gibt, mit dem Engel Kontakt aufzunehmen. Diese sind in besonders guter Weise in dem berühmten Werk von Johannes Greber „Der Verkehr mit der Geisterwelt" dargestellt.

Zum Pendeln nimmt man eine Schnur, an deren Ende ein Pendel befestigt ist, und hält dieses zwischen Zeigefinger und Daumen fest. Man kann den Faden auch um den Zeigefinger wickeln und dann freischwebend in die Luft halten. Jeder muß selbst herausfinden, welche Art des Haltens für ihn am angenehmsten ist. Bevor die Fragen gestellt werden, sollte man sich mit Hilfe eines Gebetes und gegebenenfalls einer Meditation auf die höhere Schwingungs- und Bewußtseinsebene der Engel einstellen.

> **Eine von vielen möglichen Techniken, mit dem Engel Kontakt aufzunehmen, ist das Pendeln**

Allgemeines:

Mit einem Pendel eröffnet sich die Möglichkeit, auf gestellte Fragen mit „ja" oder „nein" eine Antwort zu erhalten. Welche Schwingungsform das jeweilige Wort darstellt, muß man mit dem Pendel selbst erfragen. Manchmal zeigt das Pendel allerdings keine Reaktion oder eine Bewegung, die weder ja noch nein bedeutet, also eine „Stimmenthaltung" anzeigt.

Cherub

Mit dem Pendel kann man zum Beispiel, ebenso wie mit der Wünschelrute, nach Wasseradern und verborgenen Energiefeldern, dem sogenannten Curry- oder Hartmannetz, suchen, deren Ausstrahlungsbereich der Mensch, zumindest als Schlafstätte, meiden sollte. Besonders bei Vollmond verstärkt sich die unruhig machende und bei dafür anfälligen Menschen manchmal auch Krebserkrankungen hervorrufende Ausstrahlung solcher Spannungsströme.

Katzen legen sich mit Vorliebe genau auf solche Spannungsfelder, während Hunde sie meiden. Ameisen bauen ihre Nester (hoffentlich nur im Garten) auf Wasseradern. So können wir im aufmerksamen Beobachten der Tierwelt auch schon so manche Information erhalten.

Nach der englischen Tradition gibt es die Ley-, nach der chinesischen die sogenannten Drachenlinien, die sich als Energielinien durch die Landschaft ziehen.

Die Voraussetzungen und die Fehlerquellen für das Pendeln liegen in unserem Gemüt.

Fehlerquellen für das Pendeln liegen in unserem Gemüt

Es kann nicht genug darauf hingewiesen werden, wie wichtig es ist, daß ein Mensch erst dann versuchen sollte, mit der geistigen Welt Kontakt aufzunehmen, wenn er sich wirklich sicher ist und sich ehrlich darum bemüht, den Weg der Liebe zu gehen. Wer aus Hast, Neugierde und Machtgelüsten handelt, richtet in seiner Seele schwere Schäden an. Wenn er überhaupt Kontakt mit geistigen Wesen bekommt, sind es Botschaften von schwarzen Geistern, von gefallenen Engeln, den Dämonen. Die Bilder, die er empfängt, sind wirre Lügengespinste von Halbwahrheiten, die seine Entwicklung behindern, seinen Geist verwirren und ihn zu schlechten Handlungen verführen. Denn es ist durchaus möglich, die eigenen Gedanken, von denen man sich nicht freigemacht hat, als Botschaft zu erhalten.

Wer aus lauter Gier und zu seiner eigenen Bereicherung Fragen stellt, der sollte das Pendel schleunigst aus der Hand legen, sonst ruft er nur böse Geister herbei, die sich freudig an ihn heften und ihm das Leben mit allerlei unsinnigen Botschaften verwirren und schwermachen.

Man muß sich selbst ehrlich überprüfen, ob man tatsächlich innerlich frei und losgelassen in tiefer Konzentration den geistigen Energien leer und offen gegenübersteht oder ob nicht doch noch in einer Ecke des Gemütes Untugenden nagen und unser Inneres in Unruhe versetzen.

Wer pendelt, ist kein Voll- oder Halbtrance-Medium, sondern hellwach und sehr bewußt. Diese innere Wachheit läßt uns gewissermaßen Antennen und Sensoren wachsen, mit denen wir auf die Frequenzen eingestellt sind, die als schwingende Impulse aus der geistigen Welt zu uns strömen.

Unser menschliches Denken benötigen wir im täglichen Leben. Wer aber Engelverbindungen sucht und damit in geistige Welten vorstoßen will, der muß in der Lage sein, den Alltag für

Spiralen

Unser Gemüt ist für die geistige Welt transparent

diese Zeit zu vergessen. Denn sonst kann kein Wissen aus der geistigen Welt zu uns durchdringen, sondern man bekommt eventuell seine eigenen Vorstellungen, in bildreiche Worte gekleidet, vorgegaukelt. Dann arbeiten nämlich unsere eigenen Gedanken und Gefühle unbewußt in uns. Sie formen Trugbotschaften in Worte.

Unser Gemüt ist für die geistige Welt transparent. Unser Engel kann uns nur erreichen, wenn wir uns um innere Reinheit, um Wahrheit und kristallene Klarheit in unserer Seele bemühen. Wir sollten nur dann versuchen, mit Engeln in Verbindung zu treten, wenn der Willen, die Gefühle und Gedanken so geschult sind, daß wir wenigstens für die Augenblicke des Kontaktes mit der geistigen Welt das Gefühl haben, uns selbst beherrschen zu können.

Wir öffnen uns den Strömungen der Geisteswelt, so wie sich ein Blütenkelch den Strahlen der Sonne entgegenstreckt.

Das Pendeln mit einer Buchstabenscheibe

Eine alte Methode aus der Zeit, da Buchstaben noch in ihrem göttlichen Ursprung erkannt wurden

Diese Methode ist sehr, sehr alt. Sie geht zurück in die Epoche, als Buchstaben noch in ihrem göttlichen Ursprung erkannt wurden und die Kenntnis der Schrift einer Priesterelite vorbehalten war.

Johannes Greber schreibt in seinem Buch „Der Verkehr mit der Geisterwelt" über Medien, die mit dieser Methode arbeiten, das Folgende: „Eine Art Schreibmedien sind auch die sogenannten 'Planchette Medien'. 'Planchette' nennt man eine Platte aus Holz, Metall oder sonstigem Material, auf der die Buchstaben des Alphabets angebracht sind.

Die berühmteste 'Planchette' war im Alten Testament das Brustschild auf dem Kleide des Hohepriesters. Dieser selbst war das Medium.

Das Brustschild wird in der Bibel nach eurer heutigen Übersetzung 'Orakelschild' genannt, weil es von den Israeliten zum Befragen Gottes benutzt wurde. Es war quadratförmig und mit vier Reihen Edelsteinen besetzt. In der ersten Reihe waren ein Karneol, ein Topas und ein Smaragd; die zweite Reihe bestand aus einem Rubin, einem Saphir und einem Jaspis, die dritte Reihe aus einem Hyazinth, einem Achat und einem Amethyst; die vierte Reihe aus einem Chrysolith, einen Soham und einem Onyx (2. Mose, 39,8 ff). (Diese Steine werden im Neuen Testament als die Steine des Neuen Jerusalem bezeichnet, Anm. d.

Verf.) Dazu gehörte das sogenannte 'Stirnblatt', das heilige Diadem aus Gold, auf dem die Worte eingraviert waren: 'Dem Herrn geweiht' (2. Mose 89, 30-31). Es war mit einer Schnur von blauem Purpur am Kopfbund des Hohepriesters befestigt und bildete den wichtigsten Gegenstand beim Befragen Gottes.

Beim Befragen Gottes band der Hohepriester das Brustschild an der unteren Seite vom Priesterschild los und brachte es in eine waagrechte Stellung. Dann löste er das Stirnblatt von seinem Kopfbund und legte es in eine der Rinnen zwischen die Edelsteine. Anschließend hielt er seine Hand über das Brustschild, ohne mit ihm oder dem daraufliegenden Stirnblatt in Berührung zu kommen.

Die sehr starke Odkraft (Äther- oder Lebenskraft) des Hohepriesters wurde von der Geisterwelt Gottes benutzt, um das goldene Stirnblatt in Bewegung zu setzen. Es glitt durch die goldenen Rinnen und stieß mit der kleinen Öse, durch die es am Kopfbund befestigt war, an die Edelsteine, deren Buchstaben man in der Reihenfolge, in der sie von dem Stirnblatt angezeigt wurden, zu einem Wort zusammensetzte. War durch das Zusammensetzen der angegebenen Schriftzeichen ein Wort zu Ende, so glitt das Stirnblatt an den rechten Rand des Orakelschildes und stieß dort an ein kleines Glöckchen zum Zeichen, daß das Wort zu Ende sei. War durch die Zusammensetzung der Wörter ein Satz beendet, so glitt das Stirnblatt sowohl an die rechte als auch an die linke Seite des Orakelschildes und ließ den Ton der beiden dort befestigten Glöckchen erklingen. Dieses Doppelzeichen kündigte an, daß ein Satz beendet sei."

Die Odkraft des Hohepriesters

Meine Lieblingsmethode ist das Pendeln über einer Buchstabenscheibe. Die Anweisung „fiel mir zu", nachdem ich mich schon einige Jahre darum bemüht hatte, nach den Empfehlungen aus dem Buch von Rudolf Steiner („Wie erlangt man Erkenntnisse der Höheren Welten") zu leben, um eine Verbindung mit der geistigen Welt zu erhalten.

Um das Pendeln der deutschen Worte zu erleichtern, sind die Buchstaben auf dem äußeren Rand einer Scheibe (ca. 30 Zentimeter Durchmesser) in 24 Feldern angeordnet. Aus anwendungstechnischen Gründen ist die aufgeführte Reihe zu empfehlen: A, B, S, C, H, D, E, F, G, I, J, K, L, M, O, N, P, Q, R, U, T, V, X, Y, W, Z.

Die Zahl 24 besteht aus zweimal 12, einer heiligen Zahl, und bietet der Scheibe damit auch einen mystischen Schutz. (Die Zwölfzahl ist enthalten in 12 Monaten, 12 Tierkreiszeichen, je 12 Stunden Tag und Nacht.)

Es ist gut, in das Zentrum der Scheibe zum symbolischen Schutz ein gleichschenkliges Kreuz zu malen. Beim Fotokopieren meiner Scheibe hat es sich „zufälligerweise" ergeben, daß in dem gräulichen Farbenspiel des Mittelpunktes das Antlitz Christi mit zwei Bartspitzen entstanden ist.

Das Pendel ist wie ein Stift, der aber nicht mit einer Mine oder mit Tinte arbeitet, sondern durch den Menschen von geistigen Schwingungen aus dem Kosmos bewegt wird.

Gewissermaßen wählt der Pendelnde mit seiner Feinfühligkeit aus den vorhandenen geistigen Schwingungen eine aus, zu der er mit seinen Begabungen und/oder auch durch seine Schulung Zugang hat, und überträgt sie, mittels seiner Hände, auf das Pendel. Die Schwingung wird dadurch sichtbar, und er kann die Botschaften von der Scheibe buchstabierend ablesen.

Engel malen mit ihren Schwingungen Gefühlsbilder in unser Gemüt

Der Mensch hält dieses „Schreibgerät" und hört mit seinem inneren Ohr, wo er die Ansprache seines Engels erfühlt und in seine Worte kleidet. Engel sprechen nicht etwa in den verschiedenen Sprachen zu den Menschen, sondern in ihren jeweiligen kosmischen Energien, die mit ihren Schwingungen Gefühlsbilder in unsere Gemüter malen. Das Pendel ist nur eine Konzentrationshilfe für unsere „Hellfühligkeit". Wie schon gesagt, ist eine sogenannte „hellseherische" Kraft im Grunde immer eine „hellfühlende" Angelegenheit.

Die innere Vorbereitung für Engelkontakte

Meditationen und Gebete steigern die Sensibilität unseres Bewußtseins und unseres Gemüts.

Eine Meditation gibt dem Menschen die innere Ruhe, um wirklich alle umherschwirrenden Gedanken abzulegen und sich gut auf seinen Engel konzentrieren zu können. Danach sollte ein inniglich gesprochenes und spürbar empfundenes Gebet das Gemüt für die Kontaktaufnahme mit geistigen Kräften vorbereiten und vor bösen Geistern – in unserem Inneren und im Äußeren – schützen. Dabei sollte man sich die im Kapitel „Gebete ..." aufgeführten Bitten bildlich vorstellen und erfühlen. Diese intensive Vorarbeit stimmt das Gemüt für den Kontakt mit himmlischen Wesen ein und stabilisiert die eigene Konzentration.

Das Vaterunser gibt dem bewußt Betenden einen großen Schutz. Dieses heilige Gebet ruft den Engel in uns. Wenn wir uns dem tiefen, warmen Liebesgefühl hingeben, das aus diesen

Worten in unsere Seele strömt, spüren wir förmlich unsere Seelenkräfte in geistige Höhen hinaufwachsen. Das so laut gesprochene und innerlich empfundene Vaterunser vermittelt dem menschlichen Geist eine Klarheit und Reinheit, die im Gemüt eine hochkonzentrierte Andacht bewirkt.

Das bewußt gesprochene Vaterunser gibt dem Betenden einen großen Schutz

Wenn das Gebet beendet und eine große, aufmerksame Stille in das Gemüt eingekehrt ist, wird das Pendel genau über die Mitte der Scheibe gehalten und zunächst namentlich nach der Anwesenheit des Engels gefragt.

Das Pendel wird nun anfangen, leicht zu vibrieren und dann mit der Spitze so lange zwischen einem bestimmten Buchstaben und dem mittleren Punkt hin- und herpendeln, bis der Fragende den Buchstaben laut ausspricht und der nächste folgen kann. Auf diese Weise entstehen Worte und Sätze ganzer Botschaften, die mit der freien Hand aufgeschrieben werden können, oder man legt das Pendel in die schützende Handfläche und schreibt mit derselben Hand. Im Laufe der Zeit lernt der Pendelnde immer rascher, die geistigen Strömungen zu erfühlen. Dann bewegt sich das Pendel so schnell, daß ein richtiges „Gespräch" mit dem Engel stattfinden kann.

Nach einiger Zeit der Erfahrung kann es vorkommen, daß das Pendel während der Engelgespräche plötzlich nur noch kreist und man dennoch die Worte fühlt und laut ausspricht. Dabei ist es sehr wichtig, immer wieder darauf zu achten, daß alle Fragen in Wahrheit, innerer Reinheit sowie ohne eigene Gedanken gestellt werden.

Es sollte darauf geachtet werden, daß wir uns gedanklich und sprachlich übereinstimmend ausdrücken, sonst empfängt die geistige Welt von uns ein Schwingungsdurcheinander und ist dann kaum in der Lage, verständliche und klare Antworten zurückzuschicken.

Diejenigen, die sich wie beschrieben innerlich konzentriert auf den Kontakt mit höheren Wesen vorbereitet haben, werden merken, daß sie sich im Zustand einer besonders starken Wachheit befinden und nicht etwa in einer willenlosen Trance. Sie sind hellwach, ruhig, offen und aufmerksam für Impulse aus der geistigen Welt!

Die Verbindung zu den Geistern Verstorbener sollte vermieden werden, denn der Entwicklungszustand von Menschengeistern ist immer fehlerhaft und entspricht stets nur den jeweiligen geistigen Errungenschaften und Zuständen ihrer gelebten Leben. Nicht umsonst heißt es auch deshalb: „Die Toten soll man ruhen lassen." Das heißt nicht, daß Botschaften Verstorbener grundsätzlich falsch sind, aber sie sind gewissermaßen eingeschränkt und eben so begrenzt, wie die Geister, von denen sie stammen.

Natürlich ist auch der Inhalt von Engelbotschaften in gewissem Sinn begrenzt, denn jeder Mensch erhält nur zu der geistigen Ebene Verbindung, für deren Schwingung er sich sensibilisiert hat. Bei Engelkontakten hat man jedoch die Chance, in immer höhere Klarheit aufzusteigen.

Wenn jemand aufgrund seiner Lebensführung die innere Gewißheit fühlt, reif zu sein, mit der Geisteswelt in Kontakt zu treten, dann sollte er es tun. Solange allerdings Zweifel vorhanden sind, sollten geistige Kontakte gemieden werden, denn im Zweifel schleichen sich blitzschnell Dämonen ein und erzählen allerlei Unsinn.

Die Geisteswelt ist nicht verschlossen

Johann Wolfgang von Goethe hat die Ursache der Ungläubigkeit vieler Menschen in folgenden Worten ausgedrückt: „Die Geisteswelt ist nicht verschlossen, Dein Sinn ist zu, Dein Herz ist zu!"

Ungestörte Ruhe während des Engelkontaktes

Der Arbeitsplatz

Absolute Ruhe und Schlichtheit kennzeichnen den „Arbeitsplatz" zur Kontaktaufnahme

Wer sich ganz sicher ist, innerlich gut vorbereitet zu sein, um mit der geistigen Welt in Verbindung zu treten, suche sich einen ruhigen Raum oder ein stilles Plätzchen, wo er sich ungestört konzentrieren kann. Keine Musik, keine Geräusche, keine Dekoration oder unruhigen Bilder sollten die Aufmerksamkeit ablenken. Absolute Ruhe und natürliche Schlichtheit sind die wichtigsten Merkmale eines solchen „Arbeitsplatzes", an dem sich irdische und himmlische Kräfte verbinden.

Es ist wohltuend, wenn eine natürlich duftende Bienenwachskerze ihr feierliches Licht verbreitet und sanfter Blumenduft die Gedanken himmelwärts trägt. Die Düfte von echtem Bienenwachs und frischen Blumen sind wahrheitsvoll und haben durch ihre Natur eine Schwingung, die zu der kristallklaren der geistigen Welt paßt. Wer ernsthaft bemüht ist, sich mit der reinen Wahrheit von Engelkräften zu verbinden, muß auch darauf achten, daß seine Sinne von einem heiligen Umfeld angeregt werden.

Ruhe und Geduld

Der Anfang der Pendelversuche ist meist langwierig. (Dabei möchte ich noch einmal darauf hinweisen, daß diese Methode für Menschen, deren Lebensführung zum Beispiel durch Rauchen, Trinken und Drogen belastet ist, schwieriger zugänglich ist.)

Am Anfang werden einzelne Buchstaben nur zögernd ein Wort ergeben. Doch nach einiger Übung und Geduld werden die Worte schneller strömen. Für einige Menschen wird es bei dem Versuch bleiben. Dann ist es nicht ihr Weg, auf diese Weise mit dem Engel in Verbindung zu treten, oder sie haben sich durch ihre Handlungen im täglichen Leben noch nicht richtig darauf vorbereitet. Anderen Menschen wird es wiederum ohne Schwierigkeiten gelingen, ihre innere Stimme deutlich zu erlauschen oder im Traum einen klärenden Kontakt zu ihrem Engel herzustellen.

Engel in Bronze

Niemand sollte uns beim Pendeln stören oder erschrecken, denn es ist unangenehm, ohne Vorbereitung aus dieser Überklarheit und lauschenden Aufmerksamkeit herausgerissen zu werden. Es kann dem so gestörten Menschen regelrechte Übelkeit verursachen.

Nachts herrscht überall die größte Ruhe, und man kann am ungestörtesten arbeiten. Daher ist diese Zeit für die meisten Menschen am geeignetsten.

Wenn man seine Fragen beendet hat oder aus Erschöpfung und Konzentrationsmangel beenden will, dann bedankt man sich bei seinem Engel, der sich in eine für ihn anstrengende untere Sphäre begeben hat, und kehrt mit seinem Bewußtsein wieder in die weltliche Umgebung zurück.

Hat man beim Pendeln ein Wort nicht richtig verstanden, dann bittet man einfach um Wiederholung desselben oder des ganzen Satzes. Ich spreche die Worte, die ich zu erkennen meine, immer laut aus. Wenn ich ein Wort falsch verstanden habe, dann stoppt das Pendel sofort und beginnt mit dem Satz oder dem Wort noch einmal von vorne. Man muß zu Anfang viel Kraft und Geduld aufbringen, um die Sprache des Himmels zu erfühlen. Allmählich geht es dann immer leichter.

Die Spannung während eines Engelkontaktes

Während meines Kontaktes mit der geistigen Welt herrscht im Raum eine gewisse „Spannung". Manchmal kribbelt und sticht es mir in den Gliedmaßen, und im Zimmer knistert und knackt es in hölzernen Möbeln und Verschalungen.

Meine Frage an GABRIEL:
„Wer verursacht diese Geräusche?"
GABRIEL: „Es sind die Lichtgeister, deren Intensität Du spürst und hörst."
Ich: „Sind auch die Seelen Verstorbener dabei?"
GABRIEL: „Es sind reine Himmelsgeister *(Engelkräfte)*, die Dich umhüllen."

Außerdem schwingt plötzlich ein summender Ton in meinem Ohr. Es ist immer derselbe zarte Laut von gleichbleibender Lautstärke und gleichem Rhythmus, der da wohltuend vibriert und Engelenergie verkündet. Wo immer ich mich befinde und mich mit meinem Engel verbinde, höre ich dieselben Klänge. Gewissermaßen sind sie die Erkennungsmelodie meines himmlischen Helfers.

„O wüßtest Du, wie sehr Dein Antlitz sich
verändert, wenn Du mitten in dem Blick,
dem stillen, reinen, der Dich mir vereint,
Dich innerlich verlierst und von mir kehrst!
Wie eine Landschaft, die noch eben hell,
bewölkt es sich und schließt mich aus.
Dann warte ich. Dann warte schweigend ich
oft lange, und wär ich ein Mensch wie Du,
mich tötete verschmähter Liebe Pein.
So aber gab unendliche Geduld
der Vater mir, und unerschütterlich
erwarte ich Dich, wann immer Du kommst.
Und diesen sanften Vorwurf selber nimm
als Vorwurf nicht, als keusche Botschaft nur."

CHRISTIAN MORGENSTERN

Inhaltsüberprüfung der Engelbotschaften

Engelbotschaften erkennt man an ihrem Inhalt und der Ausdrucksart, ihre Wahrheit jedoch erst an den „Früchten", die sie im Laufe der Zeit bringen.

Nach der Beendigung des Engelkontaktes darf und sollte man wieder selbständig denken, um die erhaltenen Botschaften Aussage für Aussage genau durchzugehen und zu überprüfen, ob sich auch wirklich kein falsches Geistwesen eingeschlichen hat. Diese Kontrolle muß sehr wachsam, sorgfältig und kritisch vollzogen werden. Da man ein unbekanntes Gebiet ohne festen Boden betritt, ist es zu Beginn möglicherweise etwas schwierig. Aber im Laufe der Zeit werden unsere Erfahrungen und unsere Aufmerksamkeit immer stärker. Wichtig ist dabei, uns immer wieder neu in den Schutz des göttlichen Lichtes zu stellen. Folgende Kriterien sind zu beachten:

Ehrlichkeit – Wenn der pendelnde Frager für einen Augenblick unaufmerksam war oder nachlässig eigene Gedanken zu seinen Fragen erdachte, sind die Botschaften irdischen Ursprungs oder zumindest nicht von seinem Engel. Wenn man sich während des Pendelns aufmerksam beobachtet, bemerkt man, ob die innere Konzentration bewußt auf den Empfang geistiger Energie gerichtet ist oder ob man selbst Gedankengebäude konstruiert. In diesem Fall ist Ehrlichkeit sich selbst gegenüber gefragt.

Angst – Wenn der Pendelnde von der Antwort bis in die Tiefen seiner Seele erschüttert ist und nicht Mut, sondern Angst in seiner Seele wachgerufen oder geschürt wird, kurz, wenn Untugenden geweckt werden, dann verdrängen Dämonen den Engel und senden ihre wirren Botschaften.

Unruhe – Wer, aus welchen Gründen auch immer, eine innere Unruhe oder gar Aufgewühltheit seines Gemütes bemerkt, sollte sofort aufhören zu pendeln.

Engel-Vokabular – Nach einiger Übung ist schon am Wortlaut der Botschaften zu erkennen, wer da gesprochen hat. Engel benutzen nur ein bestimmtes Vokabular. Man könnte sagen, sie reden nur in guten, klaren, wahrheitsvollen und eindeutigen Worten. Engel benutzen keine Worte, die Irrungen und Lügen beinhalten, wie zum Beispiel Zauber, Verstecken, magisch etc.

Entscheidung – Kein Engel wird Zukünftiges sagen, das uns unsere freien, menschlichen Entscheidungsmöglichkeiten abnimmt!

Engelbotschaften erkennt man an ihrem Inhalt

„Von zwei Rosen duftet eine anders als die andre Rose. Von zwei Engeln mag so einer anders als der andre schön sein."
CHRISTIAN MORGENSTERN

Unkonzentriertheit – Wer unkonzentriert und nachlässig pendelt, der sollte sofort aufhören und sich erst einmal sammeln. Innere Erregung führt nicht zu ruhiger und richtiger Geistesverbindung mit Engeln, sondern läßt immer Dämonen in den Schwingungsbereich des Pendels schlüpfen. Dann kann es vorkommen, daß der erste Teil der Botschaft von einem Engel ist, aber der Rest von einem Dämon, der sich in dem winzigen Augenblick unserer Gedankenabschweifung „eingeschlichen" hat.

Reinheit – Alle Fragen, die für den Weg der Liebe unnötig sind, weil sie Gewinnsucht oder Machtgedanken beinhalten, werden sofort böse Wesenheiten anziehen. Dann lassen deren schlechte Energien das Pendel schwingen und verursachen falsche Antworten. Ein Wesen der Finsternis wird stets dunkle Botschaften übermitteln. Solche Dämonen können verwirrende Sachen sagen. Nach einiger Übung sind sie allerdings leicht zu erkennen.

Intrigen – Alle häßlichen Aussagen über andere Menschen, alle Intrigen und wilden Geschichten müssen genau auf ihren Inhalt hin geprüft werden, denn üble Aussagen sind oft nur Verleumdungen, um uns in die Irre zu führen. Wenn man solche Worte hört, muß man sofort nachfragen, wer spricht. Ist es ein böses Wesen, muß man es bitten, umgehend zu verschwinden.

Schlechte Nachrichten – Schlechte Nachrichten gibt es allerdings auch von guten Wesenheiten, aber sie werden nie verleumderisch, sondern immer wertfrei und hilfreich ausgesprochen. Manche Engelbotschaften erzählen Geschichten von schlechtdenkenden und bösen Menschen, aber es kommt auf die Wahl der Worte an, die ohne Niedertracht und Abwertung von den Verfehlungen anderer berichten.

Dumpfe Traurigkeit – Eine Botschaft lieblos klingender Worte, die unser Gemüt in tiefe Traurigkeit stürzt und es unserem Engel schwermacht, mit uns in Verbindung zu treten, stammt immer von bösen Wesen. Eine dumpfe Traurigkeit lähmt unsere Bereitschaft, mit Engeln in Verbindung zu treten, denn Dumpfheit umhüllt unsere Feinfühligkeit. Dann sind wir von unserem Engel abgeschnitten. Deshalb ist es so wichtig, Gelassenheit zu üben und zu lernen, auch traurige Nachrichten ohne innerlichen Zusammenbruch anzunehmen, nur die Engelverbindung aufrechtzuerhalten.

Kontaktabbruch – Wenn allerdings einmal ein solch falscher Kontakt hergestellt ist, muß man die Pendelei sofort beenden. Wenn man dann ehrlich in sich hineinlauscht, fühlt man irgendeine Untugend wie Ungeduld, Neugierde oder Ärger über andere

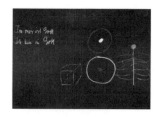

Andacht zum Kleinsten

Menschen und Erlebnisse. Mit so einer schlechten, unausgeglichenen Gemütsverfassung kann aber keine gute Verbindung zur geistigen Welt zustandekommen. Was man fühlt, das zieht man an! Nur die unerschütterliche Ruhe und Reinheit unseres Gemüts schützt uns vor falschen Dämonenaussagen und verbindet uns ganz fest mit unserem Engel.

Wahrheit – Unser Engel sagt immer die absolute Wahrheit, deshalb können seine Aussagen manchmal auch sehr hart klingen, aber sie erzeugen nie Traurigkeit in uns, sondern wir können ihnen im tiefsten Inneren unseres Herzens ehrlich zustimmen. Außerdem enthalten sie eine wunderbare Kraft, die uns vorwärts hilft und uns Mut macht, Fehler zu erkennen und abzulegen.

Schaden – Niemand wird von seinem Engel Dinge erfahren, die einem anderen Menschen oder ihm selbst schaden könnten, und nur derjenige Mensch wird überhaupt die Weisheiten und das Wissen des Himmels mitgeteilt bekommen, der sich auf den Weg der Liebe begeben hat.

Freiheit – Unser Ziel ist es, in Freiheit mit gutem Willen das Gute zu wählen, sei das Böse auch noch so verführerisch. Der Engel wird dem fragenden Menschen ganz sachlich erklären, welche guten und welche schlechten Folgen sein Handeln oder die Erfüllung seiner Wünsche haben. Dann muß der Mensch abwägen und entscheiden, welcher Weg zu wählen ist.

Neugier – Wichtig ist es noch zu wissen, wann der Engel spricht und wann er schweigt. Es würde die Entwicklung des Menschen hemmen, manche Dinge im voraus zu wissen, deshalb schweigt der Engel bei solchen Fragen, gibt ausweichende und umschreibende Antworten. Der Fragende sollte dann zufrieden sein und aus Neugier zu diesem Thema keine weiteren Fragen stellen, denn durch seine Begierde, etwas in Erfahrung zu bringen, ruft er rasch Dämonen herbei, die die erzwungenen Antworten gerne in aller Falschheit geben.

Handeln – Engelbotschaften, die das zukünftige Geschehen voraussagen, entbinden uns nicht von weiteren Taten und damit vom aktiven Leben. Es wäre falsch zu glauben, daß das Prophezeite uns ohne weiteres Zutun einfach in den Schoß fällt. Wir müssen weiterhin im Leben alles tun, was wir von unserem Gefühl her als gut und richtig empfinden.

Zeit – Engel „wesen" in einer Sphäre, die frei von Raum und Zeit ist. Daher sind alle Engelbotschaften, selbst wenn sie Zeitworte und -begriffe unserer Sprache enthalten, immer ungenau, relativ zeitfrei und entsprechen auf jeden Fall fast nie unseren

Kontrolle der Engelbotschaften

Zeitangaben. Wenn von „morgen" gesprochen wird, ist damit irgendein Zeitpunkt in der nahen Zukunft gemeint. Heißt es „bald", kann es Monate, aber auch noch Jahre dauern. Bei dem Wort „lange" kann man sich auf eine für unser Empfinden wirklich lange, vielleicht auch auf eine jahrelange Wartezeit einrichten. Der Engel kann zwar keine genauen Zeitangaben übermitteln, aber um einen Zeitraum näher zu beschreiben, kann er sagen, welche Begebenheiten zusammenfallen. Mein Engel drückt sich „zeitlich" zum Beispiel folgendermaßen aus: „Der Schneesturm tobt", „die Sonnenblumen blühen", „das Rosenmeer in Deinem Garten wogt" oder „um die dürren Maisstengel weht der Wind".

Gut überlegen – Der Mensch sollte sich bemühen, einem Engel wirklich nur Fragen zu stellen, die er sich vorher gut überlegt hat und die ihm dabei helfen, seinen Weg in Liebe zu gehen. Dazu gehören natürlich auch ganz alltägliche Sorgen. Man kann seinen Engel liebevoll bitten, den Weg aus bedrückenden Verhältnissen zu zeigen, und wird mit Sicherheit auf irgendeine Weise Hilfe erhalten.

Wenn nun eine Engelverbindung erreicht wurde, wäre es falsch, gedankenlos und vergnüglich in den Tag hineinzuleben, weil man sich von himmlischen Geistern beschützt weiß. Wir müssen dann begreifen, daß diese Gnade eine Verpflichtung ist, uns immer unbeirrter im Sinne der Liebe und der Wahrheit zu entwickeln. Wer seine Engelverbindung nicht ernsthaft pflegt, verliert sie schnell wieder.

Liebe sollten wir immer weiterfließen lassen

Für viele Menschen wird es auf dem Weg der Liebe und Erkenntnis eine große Hilfe sein, deutliche Botschaften des Himmels zu erhalten. Sie werden zu einer guten Verbindung mit ihrem Engel finden. Diese Gnade verpflichtet sie, auch anderen Menschen auf diesen Weg zu helfen und den Suchenden, so sie es wünschen, hilfreich die Ratschläge der Engel zu übermitteln.

Liebe muß fließen

Denn erhaltene Liebe und Geschenke sollten immer, wenn auch in anderer Form, weitergegeben werden. Liebe sollte fließen und nicht aufbewahrt werden, sonst behindert der Mensch seine Liebesfähigkeit und wird krank.

Der Mensch kann den Weg der Liebe immer wieder unterbrechen oder beenden. Aber je weiter er fortgeschritten ist, um so geringer ist die Wahrscheinlichkeit, daß das Ziel aus den Augen verloren wird. Wer die steigende Gelassenheit und Freude in der Seele spürt, wird diesen Pfad in seinem Leben nie wieder verlassen.

Liebe sitzt im Herzen und nicht im Kopf

Für den Menschen, der seinen Lebensweg in Liebe wandelt und nach seinem Herzen handelt, ist das Leben eine einzige Offenbarung! Keine wilde Überschwänglichkeit, sondern ruhige, strahlende Freude durchleuchten sein Wesen. Es wird Licht in seinem Ich.

Gespräch mit GABRIEL zum Thema Liebe

Ich:„An was muß ich denken, damit ich Liebe immer fließen lasse?"
GABRIEL:„Denke nicht, fühle!
Fühle und handle Deinen Gefühlen gemäß.
Liebe sitzt im Herzen und nicht im Kopf!"

„Liebe ist wie ein Wasserfall, der immer in Bewegung ist."

Engelbotschaften helfen uns, bewußt und aktiv zu leben

Die geistige Welt kennt unsere Kräfte, so daß Engelbotschaften uns nie überfordern. Die Engel sagen uns nur Wissenswertes, was unsere Tatkraft anregt, unser Gemüt stärkt (in „Gemüt" steckt das Wort Mut) und unsere Gedanken beflügelt.

Bemühen wir uns, den Weg der Liebe zu gehen! Wenn uns trotz unserer Anstrengungen Fehler unterlaufen, versuchen wir, uns weder davon, noch von den hämischen Bemerkungen anderer entmutigen zu lassen. Denn wir sind nur dem allmächtigen

Schöpfer des Himmels und der Erde – und uns selbst – Rechenschaft schuldig. „Meinen Gott", „das Wesen, das gerufen wird", nannten ihn die Germanen. Von ihm kommen wir und kehren einst zu ihm zurück.

Die Zukunftsaussagen und die wahrheitsvollen Botschaften für andere Menschen und uns selbst sind für alle, die daran glauben, eine große Lebenshilfe. Eine Hilfe nicht in dem Sinn, im Leben immer mehr vergnügliche Unterhaltung zu haben, sondern indem wir bewußter, aufmerksamer, gelassener, vertrauens- und verständnisvoller werden, um dann von tiefstem Herzen zufriedener und glücklicher zu sein. Das Wissen, daß Engelworte wahr werden, stärkt unsere innere Ruhe und den Glauben an unser Schicksal. Es läßt uns gelassen und ungestört arbeitend das Leben gestalten.

Engelworte helfen, uns zum Guten zu wandeln

Engelworte helfen, uns zum Guten zu wandeln. Diese Lernprozesse werden durch bestimmte Lebensumstände verursacht, welche der Engel oft ankündigt und die er uns, wenn sie eintreffen, zu verstehen und zu bewältigen hilft. Für die positive Wandlung mancher Eigenschaften benötigen wir Jahre, andere wiederum können wir im „Handumdrehen" erfassen und erlernen. Die Zeit spielt im Leben keine Rolle, nur unsere Erkenntnis und Wandlung sind von Wichtigkeit.

Es gibt Vorhersagen meines Engels, die weit in der Zukunft liegen, und während der langen Wartezeit besteht die Gefahr, an ihrem, meist sehr ersehnten, Eintreffen zu zweifeln. Doch dann sind es all die unmittelbar eintretenden Botschaften, die mich trotz manch langer Geduldsprüfung fest und unerschütterlich an die Erfüllung glauben lassen.

Eine Botschaft von GABRIEL an ein junges Liebespaar

„Sage ihr, sie will einen Mann zu ihrer Freude, aber das ist ein Irrtum.
Der Mann ist ihr nur Freude, wenn sie SICH Freude ist!
Sage ihm, daß man einen Menschen nicht wie eine Blume behandeln kann, die man bewundert, genießt und stehenläßt, bis man sie wieder anschauen will.
Der Mensch, der so handelt, ist ein mutwilliges Wesen."

Kapitel 5

Engelbotschaften

Bilder, Botschaften und Empfindungen meiner Engelverbindung

Wenn ich mich in Notlagen meines eigenen Lebens in die Einsamkeit zurückziehe und den Kontakt zur geistigen Welt herstelle, dann entsteht in diesen Augenblicken oft eine gewaltige Kraftströmung, die in ihrer Intensität plötzlich meine eigenen Probleme als absolut unwichtig erscheinen und mich die großen Weltenprobleme erkennen läßt. Dann bitte und bete ich für Frieden auf der Erde und daß die Liebe des Allmächtigen durch mich wirksam werden und sich heilend auf der Welt ausbreiten soll. Nach solchen Gebeten und Verbindungen werden meine eigenen Schwierigkeiten plötzlich erträglicher und lösen sich meist auf.

Seit meiner Engelverbindung gestaltet sich mein Leben in dieser Welt in einer vertrauensvollen Geborgenheit. Die Ursache für dieses Wohlgefühl ist mein fester Glauben, verbunden mit dem Wissen um eine göttliche Schicksalsführung.

Mit meinem Gefühl empfinde ich das Wirken der Engel, und mit meinem Verstand erfasse ich die Vielzahl engelhafter Ereignisse, die sich wie Perlen zu einer langen Kette aneinanderreihen lassen. Eine jede Perle birgt die Geschichte einer Engelberührung in sich und ihr Perlmuttschimmer spiegelt in vielfältigen Farbnuancen diese Seelenbilder wider:

1. Einmal saß ich vor den rotblühenden Kletterrosen in meinem Garten und vertiefte mich in ihre goldene Mitte.

Ich hatte meinen Engel um ein inneres Bild oder ein Zeichen gebeten, ob die seit Monaten erhaltenen Botschaften aus der geistigen Welt über einen bestimmten Menschen wirklich so in Erfüllung gehen würden, wie ich sie verstand, oder ob ich etwas falsch gedeutet hatte. Doch als einzige bildhafte Antwort sah ich vor meinem inneren Auge immer nur das Gesicht des betreffenden Menschen, das mich ruhig anschaute.

Als ich mich gemütlich in meinen Liegestuhl zurücklehnte und wieder mit geöffneten Augen zum Himmel hinaufschaute, da hatten zwei Flugzeuge mit ihren Düsen ein großes Kreuz in das Azurblau gezeichnet.

Der Mensch, dem meine Frage galt, war nicht nur gläubig, sondern auch beruflich sehr häufig in der Luft. So paßte das Himmelszeichen in zweifacher Hinsicht zu meiner ihn betreffenden Frage.

Mein Engel hatte mir auf eine wundervolle Art, mit dem Zeichen des Glaubens, gesagt: „Glaube das, was die geistige Welt dir gesagt hat. So ist es."

2. Viele Versuche, von meinem Engel Zeitangaben für bestimmte Ankündigungen zu erhalten, schlugen fehl. Die Raum- und Zeitlosigkeit in der geistigen Welt ist für uns nur schwer vorstellbar. Aber ich suchte nach anderen Anhaltspunkten, die frei von Uhrzeit als Terminangaben gelten konnten. Mir erschien es beispielsweise sinnvoll, wenn die Zeitangaben der geistigen Welt in bezug auf die Mondphasen gekoppelt wären. Doch es gelang mir bisher nicht, klare und einstimmige Angaben zu erhalten. Vielleicht wird mir der Schlüssel für dieses Geheimnis eines Tages noch überreicht werden.

Die geistige Welt ist frei von Zeit und Raum

Da ich gefühlsmäßig sehr eng mit dem Blühen der Blumen und den Naturereignissen verbunden bin, koppelt mein Engel manche Ankündigungen daran. Ein Beispiel:

Wir machten uns Sorgen um den gebrechlichen Gesundheitszustand meiner fast hundertjährigen Großmutter. Sie lebte bei meiner Mutter, die sie rührend umsorgte. Manchmal war auch ich bei ihr. Dann sagte die immer müder Werdende: „Ich bin wie ein Kind. Früher habe ich Dich behütet und jetzt ist es umgekehrt. Mein Leben war schön. Ich habe viel geliebt und bin viel geliebt worden. Aber jetzt reicht's allmählich, nun könnte ich hinauf in den Himmel gehen."

GABRIEL **sagte**
„Die Holunderblüten kündigen den Tod Deiner alten Großmutter an."

Zuerst dachte ich, wenn die Holunderblüten blühen, dann wird sie sterben. Doch als der Holunder im Mai blühte, wurde meine liebe, alte Großmama zwar immer schwächer, schläfriger und pflegebedürftiger, aber sie erfreute uns weiterhin mit ihrer Liebe und Güte.

Da geschah ein Blütenwunder: Im Spätsommer, als an dem Holunderbusch schon die dunklen Beerendolden heranreiften, erblühten hoch oben auf der Krone drei Blüten. Neun Wochen später starb meine Großmutter.

Ein Holunderbusch kann auch Mitte September blühen

Wie sie sich immer ausdrückte, war ihr „Herr Jesus mit seinen Engeln gekommen", um sie zu holen. Wie viele Jahre hatte sie jeden Morgen fröhlich lachend gesagt: „Ich bin bereit, der liebe Herr Jesus kann mich holen, und wenn er mich heute noch nicht holt, bleibe ich eben noch ein wenig bei euch!"

Die Holunderblüten hatten in diesem Fall den Zeitpunkt ihres Todes nicht bestimmt, sondern lediglich angekündigt. Für mich war dieses späte Blütenwunder der drei weißen Dolden an einem bereits Früchte tragenden Busch ein Engelzeichen.

3. Eine meiner Schwächen ist mein Temperament. Wenn ich manchmal – glücklicherweise immer seltener – impulsiv-explosiv reagiere, anstatt die Situation mit meiner Erfahrung in Ruhe zu beherrschen, sagt GABRIEL dazu: „Wozu Engelworte, wenn Du sie nicht beachtest?"

Ja, wofür sagt mein Engel mir, daß ich in einer bestimmten Situation „zart" und „sanft" sein solle, wenn ich genau in dieser beschriebenen Lebenslage verletzt und daher heftig reagiere? Die reuigen Wiedergutmachungen sind meistens schmerzhaft und langwierig. Um wieviel leichter wäre es gewesen, Beherrschung zu zeigen.

4. In einer unentschiedenen Geschäftssituation sagte GABRIEL: „Der Mann wird Dein Angebot annehmen."

Doch nichts dergleichen geschah. Der Geschäftspartner war abweisend und erklärte sein Desinteresse recht verständlich. Trotz alledem hielt ich den Kontakt und mein Angebot freundlich aufrecht. Obwohl sich alle Reaktionen gegen die Aussage meines Engels richteten, glaubte ich fest an seine Botschaft und suchte keine neuen Geschäftskontakte.

Meine Hartnäckigkeit, verbunden mit Ideen und neuen Angeboten, war nach einigen Monaten erfolgreich. Es geschah, wie der Engel angekündigt hatte: Der Mann nahm mein Angebot an.

Wie gut, daß ich meinem Engel geglaubt, fest am Zustandekommen des Geschäftes gearbeitet und meine Kräfte nicht durch weitere Versuche, neue Interessenten zu finden, vergeudet hatte.

Eine künstlerische Ermunterung

Eines Abends hörte ich GABRIEL sagen

„Du hast einmal vor langer Zeit Freude gehabt, mit Farben zu malen und sie in
einem Orchester zusammenzufügen.
Lasse die Farben erneut erscheinen und kleine Engel
im Gewühl der Blütenblätter tanzen.
Lasse Engel in einem Reigen auf einem Meer von Rosenblüten schweben.
Führe den Pinsel so genau in den mittleren Teil, daß es wie ein Wirbel aussieht.
Er hat es Dir gezeigt, der alte Buntmaler, der die Blumen,
die Engel und die Liebe so liebte wie Du.
Du lasse Deine Phantasie fliegen wie ein Windgebilde.
Der Maler ist in Deiner Hand."

Wer war nur der alte Buntmaler? Sollte es „mein" geliebter Chagall sein? Die Antwort kam schon ein paar Tage später durch das
Telefon. Eine befreundete Malerin rief an und lud mich ein, zusammen mit ihrer Schwester einige meiner Engelbilder und -
skulpturen in München auszustellen. Der Anlaß sei eine Gedächt-
nisausstellung des Dichters und Malers Albert Steffen.

Engel und Rosen malen
Meine Freundin fügte noch hinzu: „Weißt Du, Albert Steffen
hat wie Du am liebsten Engel und Rosen gemalt."

Der Engel gibt eine Botschaft vom Johanniskraut

Eine Zeitlang erhielt ich von meinem Engel Mitteilungen über
Pflanzen und ihre Heilwirkung, die sie einst bei der Erdbildung
auf unseren Planeten und dann als Heilpflanze für uns Menschen
hatten.

„Das Johanniskraut ist ein sonnengelbes Blütenmeer mit
einer Heilkraft gegen alle Krankheiten, die der Mensch ohne
Liebe erfährt. Die Wirkung dieses güldenen Krautes ist so stark

Die Sonnenkraft im Johanniskraut
wie die liebende Wärme der Sonne. Eine große Kraft haben die
Säfte dieser Pflanze, um alles zu erstarken, was ohne Liebe
erstarb.

Die Funktion der Organe eines Menschen muß am Leben
erhalten werden durch den Willen, in dieser Welt eine gute Tat
zu vollbringen. Der Mensch muß im Geiste des Guten handeln,
denn es sind die eigenen Taten, die den menschlichen Körper
formen, heil zusammenhalten und durch die der Mensch seine
Gesundheit erhält. Wer zufrieden dahinlebt, ohne bewußt liebe-

voll zu wirken, vergißt dabei, wessen Natur der menschliche Geist ist – nämlich göttlicher – und erkrankt am Körper.

Der kranke Geist formt kranke Kräfte in der Seele und weiterhin im Körper. Das Johanniskraut wirkt heilend und erleuchtend auf die Seelenkräfte und somit auf Körper und Geist.

Der Erde gab das Johanniskraut einst seine Kraft, um die Erdenbildung zu durchleuchten, wie die Sonne es mit den Pflanzen tut. Um heil zu sein, braucht die Erde viele Wirkstoffe, und eine solche vollkommene Erde sollte geschaffen werden, um allen Pflanzen zu einem besonders guten Gedeihen zu helfen.

Der Mensch soll reifen, um zu einem wahren Wesen der Liebe zu werden und dann anderen Menschen helfen zu können, in Wahrheit, Klarheit und wärmender Liebe zu wirken.

Eine Hilfe für diese Entwicklung ist das Johanniskraut, einst für die Erde und heute für den Menschen.

Es erleuchtet und heilt in dem Maße, wie der Mensch bereit ist, geheilt zu werden.

Die Liebe wird nur dann erlebt, wenn der Mensch begreift, daß er lieben muß, um geliebt zu werden."

Der Engel stellt eine Krankheitsdiagnose

Eine Freundin klagte schon lange über eine anhaltende körperliche Schwäche. Vor einigen Jahren hatte ein Zahnarzt bei ihr eine Amalgamvergiftung festgestellt. Längst waren alle Amalgamfüllungen aus ihren Zähnen entfernt worden, aber immer noch gab es in einigen Zahnwurzeln eingesickerte Vergiftungen und Unruheherde.

Schließlich fragte ich GABRIEL, wie ihr zu helfen sei.
Die Antwort aus der geistigen Welt lautete wie folgt:
„Deine Freundin hat eine Entzündung im Knochen, dort, wo er verletzt ist.
Sie hat dort einen Eiterherd, und das wird ihr zur Last.
Der wunde Knochen ist eine schlimme Ursache für ihre Schwäche."
Ich:„Wie geht die Krankheit weg?"
GABRIEL:„Das kann sie nur mit Entfernen des Reizes,
der ihr den Schmerz verursacht.
Der Arzt ist blind. Er ist für den schlimmen, wunden Knochen blind. Er ist blind, weil große Entdeckungen oft blind machen für kleine Ursachen.
Der Eiter brodelt genau dort, wo der Lippenansatz ist.
Du sage ihr das, dann wird sie geheilt werden von dem wunden Knochen."

Große Entdeckungen machen oft blind für kleine Ursachen

129

Meine Freundin ließ sich umgehend im Frontzahnbereich – dort, wo der Lippenansatz ist – röntgen. In diesem Mundbereich hatte sie seit drei Jahren kein Arzt mehr geröntgt, weil im Zuge ihrer Zahnsanierung alle Frontzähne entfernt worden waren und sie – was ich weder wußte noch erkennen konnte – einen Zahnersatz trug.

Sie ging sofort zu einem anderen Zahnarzt und ließ neue Röntgenbilder anfertigen. Der Befund war positiv. Man fand einen 1 1/2 Zentimeter langen Eiterherd im Kieferknochen, der bereits den Knochen teilweise aufgelöst hatte und seit Jahren den ganzen Körper vergiftete. Sie wurde operiert und wurde gesund.

Bei dieser Engeldiagnose muß ich allerdings hervorheben, daß ich mit dieser Frau eine sehr tiefgreifende Seelenverbindung habe. Sie ist mir eine Schwester und Herzensfreundin. Nur aufgrund unserer innigen Verbindung und Empfindungen füreinander konnte mir die geistige Welt diese Diagnose geben. Diagnosen zu stellen lehne ich sonst schlichtweg ab. Das ist die Aufgabe eines guten Arztes.

Das Erlebnis mit dem Herzschlag

(Eine Ermahnung zur Achtsamkeit)

Der Herzschlag der Erde

„Der Herzschlag wird natürlicherweise als Zeichen des strömenden Lebens geachtet. Es gibt Orte, wo sich der lebensspendene Herzschlagrhythmus der kosmischen Kraft, man könnte sagen die Kernschwingung, aus einer 'urelementaren' Ebene hinunterläßt auf die untergeordnete 'ätherische' Ebene und weiter bis auf die stofflich sichtbare", schreibt der Bildhauer und Landschaftsheiler Marko Pogacnik in seinem Buch „Die Erde heilen".

In China gibt es „Feng-Shui", eine Art Akupunkturmethode für die Erde, mit der die ätherischen Strömungen des planetaren Körpers und die Energiephänomene der Landschaft festgestellt werden können. Man nimmt den Herzschlagrhythmus der Erde zum Beispiel mit einer Drehwinkelsonde wahr und kann die Ley- oder Drachenlinien in der Landschaft bestimmen.

Diese urelementare Kernschwingung wurde mir wahrscheinlich einmal als rhythmischer Herzschlag des Universums hörbar: In den ersten Tagen meiner Engelverbindung bekam ich eine Einladung von einer alten Heilerin. Sie wollte die Methode

Feuerengel

kennenlernen und prüfen, die ich für meine Engelverbindungen anwandte.

Auf ihrem Grundstück gibt es Quellen, und in Haus und Garten herrscht eine ausgeglichene Athmosphäre. Die Hausherrin hatte ein Geheimnis, und sie wollte die Wahrhaftigkeit meiner Engelverbindung dahingehend prüfen, ob ich dieses wohl herausfinden könnte. Wenn mir dies allerdings gelänge, würde sie tot umfallen, hatte sie mich mit kecker Stimme wissen lassen.

Aufgrund ihres impulsiven Wesens nahm ich von diesen lose hingeworfenen, mir übertrieben scheinenden Worten keine weitere Notiz. In meiner damaligen Unerfahrenheit und meiner festen Überzeugung, von meinem Engel uneingeschränkt alles erfahren zu können, begann ich nach den üblichen Vorbereitungen mit dem Pendeln.

Doch bevor das Pendel sich für eine Buchstabenfolge entschied, ertönte plötzlich ein leiser und dann immer lauter werdender, fast dröhnender, rhythmischer Herzschlag. Im ersten Augenblick konnten wir dieses ungewohnte Lautphänomen, das in der Stille des hohen Raumes ertönte, weder fassen noch irgendeiner Quelle zuordnen.

Doch dann schien das laute und heftige Schlagen aus dem hinteren Teil des Zimmers herauszuströmen. Es verstärkte sich immer mehr, bis es das ganze Zimmer mit seinem aufgeregten Pochen erfüllte. Wir waren sehr bewegt, denn der gleichmäßige, alles erfüllende Herzschlag war für uns der hörbare Beweis, daß es wirklich eine geistige Welt gibt. Ungreifbare und unsichtbare Kräfte konnten sich hörbar machen. Wenn diese Kräfte einen Herzschlag ertonen lassen konnten, um wieviel leichter mußte es ihnen dann fallen, uns durch die Bewegung eines Pendels eine Botschaft zu vermitteln.

Durchdringlich und heftig schallte dieses aufgeregte Herzklopfen ununterbrochen durch die Stille des Raumes. Es klang fühlbar mahnend, als wollte es mir als pendelnde Person sagen:

„Höre gut, welche Worte gebraucht werden, und überlege, bevor Du Deinen Engel etwas fragst. Diese Gnade, von der geistigen Welt Geheimnisse zu erfahren, bringt eine große Verantwortung mit sich, bedenke, was Du fragst, und bedenke, was die Menschen Dir eventuell für gefährliche Fragen stellen."

Ich hätte mich aufgrund der ausgesprochenen Worte weigern müssen, die Frage nach dem Geheimnis an die geistige Welt zu stellen. Denn ich bin die Fragestellerin und entscheide, welche Fragen richtig oder falsch sind. Man darf nie leichtfertig und unüberlegt Engeln Fragen stellen, um etwa anderen etwas zu

ÜbermittlerInnen von Prophezeihungen tragen Verantwortung

beweisen oder ihre Neugierde zu befriedigen. Heute würde ich es nicht mehr tun, denn sobald Untugenden in irgendeiner Weise mitspielen, drängen sich sofort dämonische Wesenheiten in das Pendel. Ebensowenig darf ich als Pendelnde Fragen stellen, die dem anderen Schaden an Leib, Seele oder Geist zufügen. Als Engelbotschafterin trage ich die Verantwortung für das Wohl, der mich fragenden Menschen.

Noch immer hallte der energische Herzschlag laut und mächtig. Ich bereute die gestellte Frage durch meine schweigend gewonnenen Erkenntnisse wortlos und entfernte sie aus meinen Gedanken. Außerdem war mir selbst das angedeutete Geheimnis völlig gleichgültig. Still staunend dankte ich meinem Engel für die wundervolle Lehre, und da wurde der Herzschlag immer ruhiger und zog sich gewissermaßen in sich selbst zurück, bis er schließlich ganz verstummte.

Der Raum erhielt seine ursprüngliche Stimmung zurück. Die Sonne schien durch die breiten Fenster, und wir saßen wieder in der Stille des Hauses.

Joy-Engel, grün

Schlußwort

Ein Rosenbild von GABRIEL

„Eine Rose ist eine Rose seit Schöpfergedenken. Im Winter verbirgt sich in dem kahlen Strauch, vor allen Augen versteckt, der Gedanke einer Rose. Im Frühjahr wird sie sichtbar und offenbart einen ganzen Sommer lang ihren versteckten Geist. Wenn das Gehölz duftende Rosenblüten trägt, wird es ein Leben lang nur solche Blütenblätter entfalten und dazu herrliche Duftwolken verbreiten. Nie werden Blüten einer anderen Blumenart daran blühen.
Eine Rose bleibt eine Rose, einfach immer eine Rose."
Und der Mensch?
„Der Mensch bleibt, solange er stirbt und geboren wird, ein Mensch.
Seine Wurzeln hat er im Himmel und seine Blüten auf der Erde.
Nur der Mensch kann im Leben blühen oder verdorren, wie er es will.
Er kann wählen und duftige Seelenblüten aufblühen lassen oder ohne innere Schönheit leben.
Doch immer bleibt er Mensch, vom Anbeginne bis zum Ende."

Eine Rose bleibt eine Rose und ein Mensch bleibt ein Mensch

Dieses Buch enthält meine Erlebnisse und Auffassungen von Engeln. Ich wünsche es mir als einen Gedankenbaustein für den göttlichen Dombau in unserer Seele. Möge es die Menschen, die sich angesprochen fühlen, ermuntern, auf der Brücke des Regenbogens Wege in die geistige Welt zu entdecken.

GABRIEL sagte einmal zu mir:

„Wage den Versuch, den langen Weg in Freude zu gehen!"

Wir sollten nicht im Morgen leben, immer darauf hoffend, daß unsere Wünsche erfüllt werden, sondern im Hier und Heute. Unser Bewußtsein gehört mit aller Kraft in die Gegenwart. Dem jetzigen Augenblick gehört unsere ganze Aufmerksamkeit, unsere intensive Arbeit, unsere tiefempfundene Dankbarkeit und unser Glücksgefühl.

Meine Botschaft lautet:

„Habt den Mut, im Leben auf Eure Herzen zu hören,
denn dort wohnt der Engel!
Und vergeßt nie: Liebe ist der Weg!"

Der Engel wohnt in unserem Herz

Anhang

Adressen und Bezugsquellen

Der Leserservice des Windpferd-Verlages gibt Ihnen gerne weitere Informationen über die spirituelle Arbeit von Frau Heynold. Bitte, sehen Sie dazu unter folgender Internet-Adresse nach: *www.windpferd.com*. Sie können dort das gesamte Windpferd-Buch- und Musikangebot in Ruhe ansehen und sogar Ausschnitte der neuesten Musikproduktionen anhören. Außerdem haben wir ein „Chat-Forum" eingerichtet. Hier können Sie mit anderen Lesern online Ihre eigene Welt des Informationsaustausches kreieren und News und Tips aus der Naturheilkunde austauschen. Sie sind jederzeit herzlich willkommen!

Sofern sie nicht über einen Internetzugang verfügen, können Sie die Informationen auch direkt beim Windpferd Verlag unter dem Stichwort: „Engel – Liebe ist der Weg" anfordern. Legen Sie dazu bitte immer einen adressierten und frankierten Rückumschlag bei. Wir leiten auch alle persönlich an die Autorin gerichteten Briefe weiter.

Impressum

2. Auflage 2000
© 1998 by Windpferd Verlagsgesellschaft mbH, Aitrang
Alle Rechte vorbehalten
Umschlaggestaltung: Kuhn Grafik, Digitales Design, Zürich, unter Verwendung einer Illustration von Ute Rossow
Lektorat: Jutta Ströter-Bender
Layout/Satz: *panta rhei!* – MediaService Uwe Hiltmann, Niedernhausen/Ts.
Grafik/Design und Herstellung: Schneelöwe, Aitrang
ISBN 3-89385-283-2
Printed in Germany

Über die Autorin

Constanze Heynold hat seit langer Zeit Erfahrungen und Kontakte mit Engeln und führt spirituelle Beratungen durch. Mit ihrem Pferd *Schöner Morgen* reitet sie in abgelegene Waldgebiete und entdeckt Engelformen in der Natur. Ihre Engelbilder und -skulpturen sind in Dauer- und Einzelausstellungen zu sehen. Zur Zeit arbeitet die Künstlerin an einer Skulpturensetzung der Elemente zur Harmonisierung eines Grundstückes. Außerdem arbeitet sie gegenwärtig am Aufbau einer Museumsgalerie in Oberursel/Taunus mit dem Namen „engel-mensch-natur".

Von Constanze Heynold ist bereits ein Pferdebuch mit dem Titel „Schöner Morgen wird das liebste meiner Pferde" erschienen, bei R. G. Fischer, Frankfurt, 1995.

*Engel aus der „Collection Gloria" in Silber,
von Constanze Heynold*

Quellennachweise

Gedichte

WIR BEDANKEN UNS FÜR DIE FREUNDLICHE ABDRUCKGENEHMIGUNG

Quellennachweis: Gedichte

Seite 13: *Um Mitternacht, im Schlafe schon,* Steffen, Albert: „Gedichte", Dornach-Schweiz, Verlag für Schöne Wissenschaften, 1985 (S. 45)

Seite 46: *Procemion,* Nationale Forschungs- und Gedenkstätten der klassischen deutschen Literatur, Weimar (Hrsg.): „Goethes Werke", Band II, Berlin, Weimar: Aufbau-Verlag, 1996 (S. 143)

Seite 75/76: *Das Hohe Lied der Liebe,* Rudolf Steiner, in „Die Bhagavad Gita und die Paulusbriefe", Vortrag vom 1. Januar 1913, gehalten in Köln, GA 142, Dornach 1982

Künstler und Illustrationen

WIR DANKEN DEN KÜNSTLERN FÜR DIE FREUNDLICHE UNTERSTÜTZUNG

Quellennachweis: Künstler und Illustrationen

Seite 7 und Cover-Rückseite: Constanze Heynold, "Joy-Engel, orange", Collage, 1997, © Constanze Heynold

Seite 11: Albert Steffen, "Schutzgeist des Schlafes", Aquarell, nicht datiert, © Verlag für Schöne Wissenschaften, Dornach (Schweiz), 1963

Seite 14: "Die Apokalypse", Fiorenze de Angelis, Florenz, Kunstkarte Nr. 2923, © Raffael-Verlag, Ittingen (Schweiz)

Seite 17: Constanze Heynold, "Engel", Skulptur nonfinito, Hellgelber Sandstein, 1996, © Constanze Heynold

Seite 18: Constanze Heynold, "Engels-Spirale", Collage Taubenfedern und Silberlinge, 1997, © Constanze Heynold

Seite 19: Constanze Heynold, "Engels-Spirale", Collage Muscheln und Ahornflügel, 1997, © Constanze Heynold

Seite 20: Constanze Heynold, "Angelino" Skulptur aus Carrara Marmor und Chrom, 1996, © Constanze Heynold

Seite 21: Constanze Heynold, "Tibetischer Engelsflügel", Eisen auf Porphyr, Ganden, 1997, © Constanze Heynold

Seite 22: Ernst Steiner, "Hüter der Quelle", Öl-Tempera, 1977-78, © Ernst Steiner

Seite 26: Ernst Steiner, "Duett", Gouache, 1991, © Ernst Steiner

Seite 31 und Cover-Rückseite: Jutta Ströter-Bender, "Schutzengel mit Seele", 1996, © Jutta Ströter-Bender

Seite 33: Constanze Heynold, "Großer Seraph", Lavatuff-Skulptur, 1996, © Constanze Heynold

Seite 46: Constanze Heynold, "Kleiner Seraph", Lavatuff-Skulptur, 1995, © Constanze Heynold

Seite 54: Jutta Ströter-Bender, "Erzengel Raphael", 1996, Privatbesitz, © Jutta Ströter-Bender

Seite 78: Marc Chagall, "Der weiße Engel", 1969, © VG-Bild-Kunst, Bonn, 1998

Seite 85: Johannes Itten, "Das Entzweite", Öl auf Leinwand, 1916, © VG-Bild-Kunst, Bonn, 1998

Seite 92: Paul Klee, "Engel, noch tastend", 1939, 1193 (MN 13), 29,4 x 20,8 cm, Fettkreide, Kleisterfarbe und Aquarell auf Papier, Privatbesitz Schweiz, © VG-Bild-Kunst, Bonn, 1998

Seite 95: Constanze Heynold, "Sonnenblumenengel", Kreide-Aquarell, 1996, © Constanze Heynold

Seite 96: Constanze Heynold, "Rosenengel", Kreide-Aquarell, 1996, © Constanze Heynold

Seite 98: Jutta Ströter-Bender, "Engel im Mond", 1996, © Jutta Ströter-Bender

Seite 103: Albert Steffen, "Berglandschaft", Aquarell, 1957, © Verlag für Schöne Wissenschaften, Dornach (Schweiz), 1989

Seite 107: Joe Wols, "El Angel unsichtbar für die Welt", © Joe Wols

Seite 110: Ernst Steiner, "Cherub", Radierung, 1986, © Ernst Steiner

Seite 112: Johannes Itten, "Spiralen", Bleistiftzeichnung, 1918, © VG-Bild-Kunst, Bonn, 1998

Seite 117: Constanze Heynold, "Engel", Bronzeskulptur, 1997, © Constanze Heynold

Seite 120: Rudolf Steiner, "Andacht zum Kleinsten", Wandtafelzeichnung (1924), © Rudolf Steiner Nachlaßverwaltung, Dornach, Schweiz, 1994

Seite 130: Constanze Heynold, "Feuerengel", Kreide-Aquarell, 1998, © Constanze Heynold

Seite 132: Constanze Heynold, "Joy-Engel, grün", Collage, 1996, © Constanze Heynold

Seite 135: Constanze Heynold, "Collection Gloria", 1998, in Bronze, Glas oder Silber (10 cm breit, 6 cm hoch), © Constanze Heynold

Waltraud-Maria Hulke

Erzengel lichtvolle Helfer

Eine Einweihung in die Liebe und das Licht der Erzengel

In diesem Buch finden sich viele wertvolle Anregungen, wie wir die Erzengel einladen können, uns durch unser Leben zu begleiten, um auf diese Weise ihre helfenden Hände zu spüren.
Dazu zählen unter anderem das Materialisierungs-Ritual, das Zeremoniell einer Wunsch-Realisierung, Anleitungen zur Harmonisierung des Chakra-Systems, die Magnetisierung des feinstofflichen Kraftfeldes, sowie die Energieanhebung mit Hilfe der Tagessiegel, Edelsteine und Töne. Den Ausklang bildet eine wunderschöne, kraftvolle Erzengel-Meditation.

144 Seiten, DM 19,80, SFr 19,00
ÖS 145,00 ISBN 3-89385-171-2

Kimberly Marooney

Engel Himmlische Helfer

Engel helfen gerne, man muß sie nur darum bitten

Engel sind himmlische Helfer, sie wollen helfen und unterstützen, die göttliche Wahrheit und Zusammenhänge zu erkennen und Hilfe und Beistand in allen Lebenslagen leisten.
Kimberley Marooneys Werk ist bestens geeignet Menschen in Kontakt mit den himmlischen Helfern zu bringen. Verschiedenste Legesysteme mit entsprechenden Interpretationen erleichtern den Weg und schon nach kurzer Zeit können wir unsere himmlischen Helfer bewußt wahrnehmen.
Je stärker wir uns der Weisheit der Engel öffnen, desto mehr werden sie uns mit ihrer unvorstellbaren Liebe und Freude umgeben.

192 Seiten + 44 Engelkarten
in Buchbox, DM 49,80, SFr 46,00
ÖS 364,00 ISBN 3-89385-144-5

Petra Schneider · Gerhard K. Pieroth

Engel begleiten uns

Erzengel und Erdengel sind an unserer Seite · Ein einführendes und umfassendes Handbuch über die geistigen Helfer im spirituellen und stofflichen Bereich

Engel sind Boten des Göttlichen. Diese Botschaft ist mehr als eine Information oder ein Brief, sie ist eine Berührung unseres eigenen inneren Lichtes. Sie erinnert uns daran, wie unser Leben sein könnte. Mit ihrer Hilfe wachsen wir zu unserer wirklichen Größe, entfalten unsere Fähigkeiten – und finden den Weg zu einem Leben, das wir wirklich lieben. Aufgrund ihrer eigenen Erfahrungen beschreiben die Autoren die geistige Welt der Engel, ihre Aufgaben, Kräfte und Möglichkeiten. Und sie zeigen, wie wir mit diesen kraftvollen und zugleich liebevollen Wesenheiten Kontakt aufnehmen, sie in unser Leben einladen können. Dieses Buch ist eine Brücke zu den Energien der Engel. Es vermittelt zugleich klar strukturiertes und neues Wissen.

208 Seiten · ISBN 3-89385-330-8
www.windpferd.com

Ulrike Hinrichs

Die großen Erzengel-Karten

Lichtvolle Helfer aus der geistigen Welt · Botschaften, Meditationen, Affirmationen und Legetechniken · Set mit Handbuch und 18 Erzengel-Karten

„Die großen Erzengel-Karten" – ein liebevoll gestaltetes Set, bestehend aus 18 Erzengel-Karten und diesem begleitenden Handbuch. Karten und Text bilden zusammen einen 18-stufigen Einweihungsweg in die Welt des Lichts. Auf diesem Weg wird man von einer Aufgabe hin zur nächsten Gabe geführt, um schließlich mit dem Herzen sehen zu können.
Im Handbuch finden sich kurze Stichworte, die Wesen und Aufgabe des Engels zusammenfassen, zudem ausführliche Beschreibungen der Energie der Erzengel und ihre Botschaften an den Menschen, ergänzt durch Affirmationen und Meditationen.

Set mit 18 Karten und Handbuch mit 112 Seiten · ISBN 3-89395-332-4
www.windpferd.com

Ulrike Hinrichs · Petra Schneider

Die großen Meister-Karten

Die Energie der Aufgestiegenen Meister

Das Set mit 21 wunderschön und einfühlsam illustrierten Karten weist den Weg zu den Aufgestiegenen Meistern.
Sie stellen eine höhere Oktave esoterischer Arbeit dar. Kommen wir in Kontakt mit ihren Energien, dann entsteht eine Verbindung zu geistigen Prinzipien, die das spirituelle Wachstum fördern.
Neben einer Anleitung zum Umgang mit den Karten und Legetechniken gibt das Deutungshandbuch ausführliche Hinweise zur Situation des Fragenden und eine Antwort mit Handlungsanweisung und weiteren Fragestellungen.
Ein Set, das viele Wege zur Selbstfindung und Selbsterkennung weist und ein spiritueller Ratgeber gleichermaßen.

64 Seiten und 22 Karten,
ISBN 3-89385-287-5
www.windpferd.com

Brigitte Gärtner

Feng Shui Glücksbringer

Die geheimnisvolle Magie von Feng-Shui-Accessoires. Kristall, Windspiel, Spiegel, Spirale und vieles mehr zur Stärkung der guten Chi-Kräfte

Untrennbar verbunden mit dem Feng-Shui sind auch die Feng-Shui-Glücksbringer, zumeist geheimnisvolle, magisch wirkende Gegenstände, die an Ort und Stelle ihre verborgenen Kräfte zur Geltung bringen. Mit ihnen läßt sich vieles bewirken. Nicht immer kann man umstellen, umbauen oder umziehen, wenn schlechtes Sha im Raum ist – in all diesen Fällen helfen Feng-Shui Hilfsmittel, die die Energie lenken, stärken oder wandeln. Sie werden vielerorts angeboten und können, richtig eingesetzt, wahre Wunder vollbringen. Man muß nur wissen, wo und wie sie die gewollte Wirkung entfalten können. Und genau das steht in diesem Buch. Die häufigsten Fragen zu Feng-Shui-Artikeln werden hier beantwortet. Mit 150 farbigen Abbildungen.

ca. 96 Seiten, 3-89385-323-5 DM
www.windpferd.com